동욱과 애기, 물론

미드타운 괴한 수원 ❶

스마트한 과학 수업! ❶ 운동과 에너지, 물질

발행일	2021년 12월 31일		
지은이	강동훈, 이수빈, 윤서화		
펴낸이	손형국		
펴낸곳	(주)북랩		
편집인	선일영	편집	정두철, 배진용, 김현아, 박준, 장하영
디자인	이현수, 한수희, 허지혜, 안유경	제작	박기성, 황동현, 구성우, 권태련
마케팅	김회란, 박진관		
출판등록	2004. 12. 1(제2012-000051호)		
주소	서울특별시 금천구 가산디지털 1로 168, 우림라이온스밸리 B동 B113~114호, C동 B101호		
홈페이지	www.book.co.kr		
전화번호	(02)2026-5777	팩스	(02)2026-5747
ISBN	979-11-6836-062-4 04370 (종이책)	979-11-6836-090-7 04370 (세트)	
	979-11-6836-063-1 05370 (전자책)		

(주)북랩 성공출판의 파트너

북랩 홈페이지와 패밀리 사이트에서 다양한 출판 솔루션을 만나 보세요!

홈페이지 book.co.kr　•　**블로그** blog.naver.com/essaybook　•　**출판문의** book@book.co.kr

작가 연락처 문의 ▸ ask.book.co.kr

작가의 연락처는 개인정보이므로 북랩에서 알려드릴 수가 없습니다.

과학 실험 도구가
앱 속으로,
과학이
재미있어진다

스마트한
과학 수업!

운동과 에너지, 물질 ❶

강동훈, 이수빈, 윤서화

언제까지 학생들을 나침반도 없이
인터넷의 망망대해에 떠 있게 할 것인가.
스마트폰 앱과 **웹사이트**를 연계하면
흥미 만점의 수업을 만들 수 있다!

북랩 **book** Lab

목차

운동과 에너지

※ 사용앱은 2021년 8월 기준으로 작성되었습니다.
　앱 업데이트로 인해 내용 및 구성이 책의 내용과 다를 수 있습니다.

물질

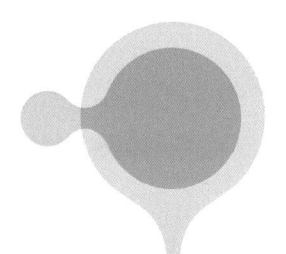

운동과 에너지

자석의 이용

	사용 앱	[나침반: Smart Compass]	QR코드
	기능	스마트기기에 내장된 자기장 센서를 이용한 나침반 앱으로 다양한 모드 활용 가능	
	지원 OS	안드로이드	
	개발	Smart Tools co.	

성취기준

[4과02-01] 자석 사이에 밀거나 당기는 힘이 작용하는 현상을 관찰하고 두 종류의 극을 구별할 수 있다.

[4과02-02] 나침반의 바늘이 일정한 방향을 가리키는 성질이 있음을 관찰로 설명할 수 있다.

[4과02-03] 일상생활에서 자석이 사용되는 예를 조사하고, 자석의 성질과 관련지어 그 기능을 설명할 수 있다.

 **차시 안내**

차시 활동

자석은 각 가정의 냉장고뿐만 아니라 교실 칠판에서도 찾아볼
수 있을 만큼 익숙한 소재지만 '자석의 이용' 단원은 평화로운 분위
기에서의 수업이나 실험이 어렵습니다.

"선생님! 저희 나침반이 이상해요."

"저희 나침반도 매번 이상한 곳을 가리켜요."

"선생님, ○○이가 수조 물 엎질렀어요!"

'자석의 이용' 단원인데 왜 학생들이 물을 엎지를까요? 위의 장면
은 5차시 실험에서 종종 볼 수 있는 장면입니다. 2차시부터 4차시
까지는 '자석에는 철이 붙는다.'라는 가장 기본적인 성질을 이용한
실험이라 쉽게 학습할 수 있습니다. 2차시는 주위 물건에 자석을
갖다 대보고 어떤 물체가 자석에 붙는지 확인합니다. 3차시는 자석
의 위치별로 어디에 클립이 많이 붙는지 알아봅니다. 4차시는 철로
된 물체에 자석을 가까이 가져가서 일어나는 변화를 관찰합니다.
이렇게 2차시부터 4차시까지 실험하고 나면 학생들도 '철은 자석에
붙는다.', '자석의 양 끝에 철이 많이 붙는다.'라는 사실을 쉽게 이해
합니다.

5차시부터는 어려워하는 학생이 몇 명씩 나타납니다. 여러 이유
중 한 가지는 아이들이 아직 N극과 S극을 읽거나 쓰지 못한다는

것입니다. 초등학교 3학년 중에는 아직 알파벳을 모르는 학생들이 있습니다. 이럴 때는 차라리 색깔로 구분시켜주는 게 낫습니다. 예를 들어 빨간색은 N극, 파란색은 S극과 같이 구분하거나 아예 N극 S극 대신에 자석의 빨간색, 파란색 부분으로 수업하기도 합니다.

이 밖에도 수업과 실험의 어려움은 많습니다. 예를 들어, 5차시에서는 막대자석을 올린 종이 접시를 수조에 띄웁니다. 자연스럽게 수조 위 접시 N극은 북쪽을, S극은 남쪽을 가리키고 이 방향이 나침반의 N극, S극 방향과 일치한다는 것을 알게 됩니다. 이 수업에서 가장 부담스러운 활동은 3학년 학생의 책상에 수조를 올린다는 것입니다. 특히 과학실의 책걸상은 3, 4, 5, 6학년 학생들이 함께 사용하는 것이라 기본적으로 높이가 높습니다. 이 공용 책상 위 수조에 종이 접시를 올려놓는 일은 3학년에게 어려운 일입니다. 자칫 수조의 물을 엎지르기라도 하면 흠뻑 젖은 과학 교과서와 실험 관찰일지 등을 정리해야 할 수도 있습니다.

6차시에서는 철로 된 물체를 나침반으로 만듭니다. 머리핀이나 바늘, 못처럼 철로 만든 물체에 자성을 띠게 하는 것입니다. 학생들은 머리핀을 N극이나 S극 위에 올려 자성을 띠게 합니다. 만일 머리핀을 N극과 S극에 번갈아 올린다면 머리핀은 일정한 자성을 얻지 못합니다. 이후 5차시에 했던 것처럼 머리핀을 수조 위에 띄워 실제 나침반과 가리키는 방향이 같은지 살펴봐야 하므로 수조의 물을 엎지르지 않도록 주의시켜야 합니다.

앞서 말한 예시들은 학생들에게 실험 방법과 주의사항을 주지시키거나 아예 교사 대표 실험으로 예방할 수 있으나 나침반이 고장 나면 수조 위의 막대자석과 자신들이 만든 자석이 가리키는 방향이 정확한지 아예 알 수 없습니다. 학교의 나침반들이 처음부터 망가져 있지는 않겠지만, 단원이 진행되면 나침반 근처에 지속적으로 자석이 놓이는 데다 학생들이 일부러 나침반 주위에 자석을 갖다 대기도 합니다. 그러다 보면 결국 나침반은 고장이 납니다. 그러므로 수업에 앞서 교사는 미리 나침반이 제대로 작동되는지 살펴보아야 합니다. 심지어 8차시 학습 주제는 아예 '자석 주위에 나침반을 놓고 관찰하기'입니다. 8차시 실험까지 끝내고 나면 단원 마무리 차시에서는 멀쩡한 나침반을 찾기가 힘듭니다. 수업 전 나침반을 점검하더라도 과학 전담으로 서너 시간 연달아 수업하고 나면 결국 나침반이 고장 납니다.

'어떻게 하면 정확한 나침반을 사용할 수 있을까?'

이런 고민 끝에 결국 나침반 앱 사용을 마음먹었습니다. 나침반 앱은 동서남북을 정확히 가리킬 뿐만 아니라 주위에 자석이 있다고 고장 나지도 않았습니다. 대부분의 스마트기기에 기본적으로 설치돼 있고, 혹 그렇지 않더라도 무료로 손쉽게 설치할 수 있습니다. 다만 자석 주위 나침반 관찰 수업에서 사용할 수는 없으니 8차시는 교사 대표 실험으로 대체하는 방법을 추천합니다.

이렇게 자석 관련 실험이 마무리되면 어떤 학생들은 '나침반은 불편하고 부정확하다.'고 생각하기도 합니다. 실험 시 나침반 때문에 애먹었기 때문입니다. 학생들에게 나침반의 유용성을 느끼게 해줄 좋은 방법이 없을까 생각한 끝에 현장 체험학습에서 나침반 앱을 사용하면 어떨까 생각했습니다. 마침 3학년 봄 체험학습 현장이 경상남도 진주의 반성수목원이었습니다. 이 수목원은 부지가 넓고 3,000여 종의 생물이 있으며 열대식물원, 난대식물원, 생태온실, 선인장원, 야생동물관찰원 등을 갖추었습니다. 넓어서 길을 잃기도 쉽고, 자신이 무엇을 관찰하는지 알지 못한 채 그저 식물들만 보고 올 수 있어 몇몇 생물만이라도 제대로 관찰하도록 과제를 내주기로 했습니다.

초등학교 현장 체험학습에서는 때에 따라 학생들이 조를 나눠서 다닙니다. 특히 3학년들은 학생별로 아직 발달 차이가 날뿐더러 휴대전화가 없는 학생들이 제법 있어 각 조에 휴대전화를 가진 학생이 한 명씩은 포함되도록 편성, 담임선생님들께 조별로 연락을 취할 수 있도록 했습니다.

현장 체험학습 조는 체험하기 며칠 전에 편성합니다. 반 학생들이 누가 어느 조에 속하는지 알 수 있도록 하고 조별로 서로 챙겨 누구 하나 길을 잃어버리는 일이나 불상사가 발생하지 않도록 계속해서 주의를 줘야 하기 때문입니다. 추가로 현장 체험학습용 메신저 채팅방을 개설해 학생들과 수시로 연락하면 보다 안전합니다. 학생들이 선생님의 메시지를 확인하는 것을 잊어버릴 수 있으니 채팅방에 과제를 제시합시다. 그러면 학생들도 선생님과의 채팅방을 수시로 확인합니다. 과제는 아래처럼 보낼 수 있습니다.

> 1-1. 조원이 모두 나오도록 열대식물관에서 고무나무를 배경으로 사진을 찍으시오.
> 1-2. 난대식물원 건물을 배경으로 모둠원 사진을 찍으시오.

1-1, 1-2 미션으로 선생님은 조원이 모두 있는지 확인할 수 있고 학생들은 온대, 난대식물원에서 사는 식물들을 확인할 수 있습니다. 위 과제에 나침반 사용을 추가하려면 어떻게 해야 할까요?

> 2-1. 열대식물관에서 고무나무 북쪽 식물을 배경으로 조원 모두가 나오도록 사진을 찍으시오.
> 2-2. 난대식물원 남쪽 건물을 배경으로 11시 30분까지 모둠원 사진을 찍으시오.

2-1, 2-2 미션 또한 열대, 난대식물원을 확인하고 모둠원이 잘 있는지 확인할 수 있을 뿐만 아니라, 학생들이 방위를 알기 위해 나침반 앱을 사용합니다. 더불어 남쪽 건물이 점심 식사 장소라면 2-2 같은 미션으로 자연스레 학생들을 모이도록 할 수도 있습니다.

체험학습을 가지 않고 학교에서 나침반을 사용할 수도 있습니다. 예를 들어 아래와 같이 미션을 제시한다면 일상생활에서 나침반을 이용하는 습관을 손쉽게 기를 수 있습니다.

> 3-1. 3학년 1반 동쪽에 있는 교실 이름은 무엇인가요?
> 3-2. 학교 정문에서 북쪽에 있는 건물은 무슨 건물인가요?
> 3-3. 조회대 남쪽에 있는 건물은 무엇인가요?

보물찾기하듯 학교 건물이나 구조물을 찾아다니며 나침반을 들고 쉬는 시간이나 점심시간에 학교를 다닐 것입니다. 이처럼 놀이로 방위를 배우면 오랫동안 기억에도 남을 것이고, 나침반의 기본 사용법인 위치를 파악하는 법도 자연스레 익힐 수 있을 것입니다.

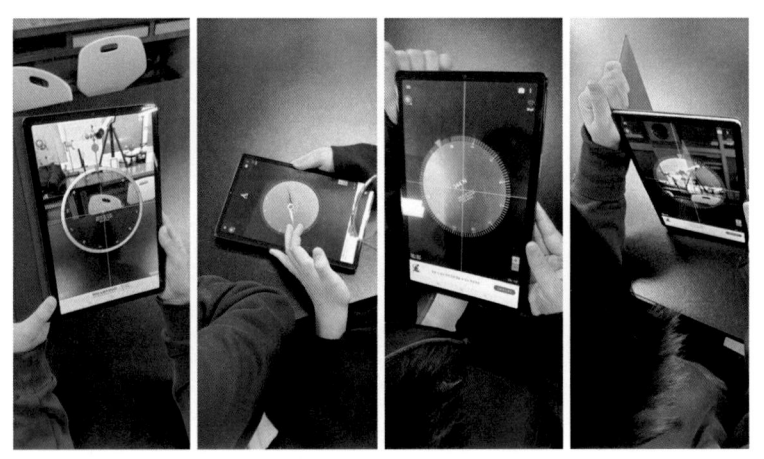

▶현재 위치에서 나침반의 방향으로 동서남북의 방위를 확인하는 모습

01. [나침반: Smart Compass] 앱을 실행하면 스마트기기 내장 자기장 센서가 방위를 나타냅니다. 자석 등을 갖다 대면 나침반 바늘이 움직일 수 있으니 주의합니다. **오른쪽 상단의 카메라 아이콘**을 눌러 화면을 캡처할 수 있습니다.

02. **왼쪽 상단의 나침반 메뉴**를 누르면 다양한 모드의 나침반을 사용할 수 있습니다. 처음 나침반을 실행할 경우 '기본 모드'로 설정됩니다.

03. **'망원경 모드'**로 나침반 원 안을 집중적으로 볼 수 있습니다.

04. **'야간 모드'**는 화면을 어둡게 합니다. 빛이 제한된 환경에서 나침반을 볼 때 사용할 수 있습니다.

05. **'디지털 모드'**에서는 나침반의 자침만 나타나고 회전판은 보이지 않습니다.

06. **'지도'**를 누르면 지도 위에 나침반을 표시해 지도상의 방위를 쉽게 볼 수 있습니다.

07. **'지도: 위성'**은 위성 지도 위에 나침반을 표시해 지도상에서의 방위를 쉽게 볼 수 있습니다.

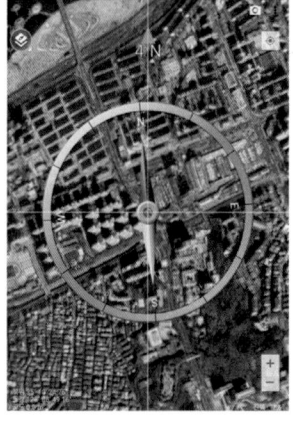

08. **오른쪽 위 카메라 아이콘 옆의 메뉴**를 눌러 나침반을 가로로 보거나 종료할 수 있습니다.

〈가로보기〉

소리의 성질

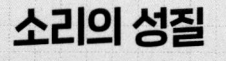

	사용 앱	[디지털교과서 2018]	QR코드
	기능	학습과 관련된 다양한 콘텐츠 활용 가능	
	지원 OS	안드로이드, iOS	
	개발	KERIS	
	사용 앱	[실감형콘텐츠]	QR코드
	기능	교과 학습 내용 중심이지만, 입체적인 학습이 가능한 체험 활동을 제공	
	지원 OS	안드로이드, iOS	
	개발	KERIS	

성취기준

[4과08-01] 여러 가지 물체에서 소리가 나는 현상을 관찰해 소리가 나는 물체는

떨림이 있음을 설명할 수 있다.

[4과08-02] 소리의 세기와 높낮이를 비교할 수 있다.

[4과08-03] 여러 가지 물체로 소리가 전달되거나 반사됨을 관찰하고 소음을 줄이

는 방법을 토의할 수 있다.

 **차시 안내**

[1차시] 명탐정! 소리의 주인공 추리하기

[2차시] 물체에서 소리가 날 때 공통점 알기

[3차시] 작은 소리나 큰 소리 내는 방법 알아보기

[4차시] 높은 소리와 낮은 소리 비교하기

[5차시] 여러 가지 물질을 통해 소리의 전달 알기

[6차시] 실을 이용해 소리 전달하기

[7차시] 소리가 물체에 부딪히면 어떻게 되는지 알아보기

[8차시] 주변의 소음 알고 줄이는 방법 알기

[9~10차시] 다양한 소리로 인형극 꾸미기

 **차시 활동**

　소리는 어떻게 날까요? 과학적으로 설명할 수 있나요? 교사인 저도 이 단원을 준비하기 전까지 소리가 어떻게 나는지 과학적으로 설명하는 데 어려움을 느꼈습니다. 늘 소음에 둘러싸여 있고 초등학교 3학년 과학 교과서에 나오는 내용인데 말입니다.

　학생들에게 "소리는 어떻게 날까?"라고 질문을 던지면 다양하고 엉뚱한 대답이 쏟아집니다.

　"목에서 소리 나는 공기가 소리를 내요."

　"우리 목구멍에 스피커 같은 기관이 있는 게 아닐까요?"

　소리는 진동에 의해 물체가 떨리면서 발생하지만, 초등학생에게 "소리는 떨림에 의해 발생하는 거야."라고 가르치면 학생들은 무슨 얘기인지 이해하지 못하고 멀뚱멀뚱 선생님만 바라볼 수 있습니다.

　초등학생이 무언가를 가장 쉽게 이해하는 방법은 직접 경험해보는 것입니다. 교과서에서도 우리 주위에서 소리를 내는 다양한 떨림을 예시로 수록해놓았습니다. 소리의 떨림을 느끼기 위해 음악이 나오는 스피커에 손을 대보거나 얇은 티슈를 올려 떨림을 관찰해보는 것입니다.

　가장 간편한 방법은 목에 손가락을 대고 소리를 내보는 것입니다. 자연스레 손가락에서 목이 떨리는 것을 느낄 수 있을 것입니다. 그런데 학생들은 스피커나 목의 떨림만으로 '아! 소리는 떨림으로 인해 나는구나!'라고 생각하지 않습니다. 자기들 생각에 떨리는 것과 소리는 아무런 상관관계가 없는 데다 '소리는 공기가 움직이면서 나는 것이다.'라고 생각하기 때문입니다.

떨림을 느끼는 것만으로 '소리는 공기가 내는 것이다.'라는 오개념을 깨기 쉽지 않습니다. 이 오개념을 깨기 위해 어떤 교구가 필요할까요? 가장 좋은 도구는 소리굽쇠(떨리는 소리굽쇠)입니다. 아무리 고무망치로 쳐도 공기가 나오는 것을 관찰할 수 없기 때문입니다. 아무리 관찰해도 공기가 안 나오는데 소리가 들린다? 이런 경험을 통해 학생들은 자기 생각이 틀릴 수도 있다는 것을 깨닫습니다. 만일 소리가 나는 소리굽쇠를 손으로 잡으면 어떻게 될까요? 절대 소리가 나지 않습니다. 손으로 잡으면 더 이상 소리굽쇠가 떨리지 않기 때문입니다. 소리 나는 소리굽쇠를 수조에 넣어볼 수도 있습니다. 떨리는 소리굽쇠를 수조에 넣으면 물이 파동을 일으킵니다. 물방울이 튀는 것을 통해 소리굽쇠의 진동을 눈으로 볼 수 있습니다.

소리굽쇠로 수업할 때는 몇 가지 유의사항이 있습니다. 소리굽쇠는 학생들이 처음 보는 물건인 데다 소리도 신기해서 소리굽쇠끼리 부딪치거나 고무망치로 소리굽쇠를 세게 쳐보는 장난을 치기 쉽습니다. 이런 장난은 소리굽쇠의 떨림이 너무 세서 주위 사람들 귀가 많이 아플 수 있으므로 지양해야 합니다. 소리굽쇠를 치는 고무망치로 다른 친구를 절대 때리면 안 된다고도 주의를 줘야 합니다. 진동을 확인할 때 사용되는 수조의 물도 당연히 조심해야 합니다.

3차시에서는 작은 소리나 큰 소리를 비교합니다. 손쉽게 목소리로 활동할 수도 있지만, 교실 안에서 고함지르는 아이들이 분명 나올 테니 악기를 이용하는 편이 낫겠다 싶어 타악기인 작은북으로 수업을 해봤습니다. 아쉽게도 예상은 빗나갔습니다. 학생들의 호기심을 간과한 탓입니다. 과학실 책상 위에 교과서, 실험기구, 필기구가 아닌 작은북이 뜬금없이 올라가 있으니 '한번 쳐보고 싶다.'라는 유혹을 떨쳐내지 못하는 듯했습니다. 그러다 수업 중 작은북 소리가 "퉁" 하고 나면 학생들의 고개가 순식간에 소리 나는 곳으로 돌아갑니다. 그러니 수업 시작 전에 악기를 건들거나 교구를 가지고 장난치는 일이 없도록 명확히 주의를 줘야 합니다.

탐구 활동으로 들어가면 더 큰 문제가 기다리고 있습니다. 작은북을 강하게 칠 때와 약하게 칠 때 두 가지 차이가 있습니다. 첫째로 소리 자체의 크기가 다릅니다. 소리가 크고 작음이 다른 것입니다. 둘째로 진동의 세기가 다릅니다. 약하게 치면 진동이 작고 강하게 치면 진동이 세집니다. 그럼 진동의 세기는 어떻게 확인할까요? 눈으로 보면서 북면이 많이 떨리는지 적게 떨리는지 비교할까요?

교과서에서는 작은북 위에 좁쌀을 뿌려두어 진동의 세기에 따라 좁쌀이 튀어 오르는 높이를 비교하는데, 강하게 칠 때 온 사방에 좁쌀이 튀지 않도록 너무 세게 치지 말라고 주의를 줘야 합니다. 필요 이상으로 소음을 발생시키는 학생들에게도 주의를 줍니다.

4차시는 높은 소리, 낮은 소리를 비교하는 차시입니다. 높은 소리, 낮은 소리를 확인하기 위해서는 선율 악기를 이용합니다. 실로폰이나 리코더 같은 악기를 이용하는 것입니다. 학생들은 평소 연습하던 리코더나 멜로디언이 익숙하지만, 모둠원이 함께 쳐볼 수 있게끔 실로폰을 사용하는 것을 추천합니다. 리코더나 멜로디언은 입에 물고 불기 때문에 모둠 탐구 활동에서 위생상 좋지 않습니다. 실로폰은 번갈아 연주하고 서로 의견을 물으며 음의 높낮이를 확인하는 것이 유용합니다. 자연스레 '과학적 의사소통 능력'도 향상됩니다.

실로폰이 한두 대일 때는 수업에 큰 무리가 없지만 여러 대를 동시에 치게 하면 실로폰 소리가 우리 소리인지 옆 모둠 소리인지 헷갈립니다. 이를 방지하기 위해 마치 음악 합주하듯이 "자, 여러분 다 같이 '도'를 쳐보세요. 이제 '시'를 쳐보세요." 하며 동시에 연주하는 방법을 사용하거나 교사가 실로폰을 쳐서 높은 소리, 낮은 소리를 들려주는 방법이 있습니다. 다른 학생들에게 피해를 주지 않으면서 스스로 소리의 크기, 높낮이를 탐구하는 방법은 없을까 고민하다가 [디지털교과서2018] 앱을 사용해보기로 했습니다.

[디지털교과서2018]은 스마트기기에 교과서를 내려받을 수 있는 앱으로, 앱스토어나 구글플레이에서 받을 수 있습니다. [디지털교과서2018]는 단순 pdf 파일 형태의 e북 교과서보다 조금 더 발전된 전자책입니다. 기존의 e북보다 동영상이나 사진 자료도 많고, 웹사이트로도 연결할 수 있습니다. 또 메모장, 학급 게시판 기능 등이 포함돼 개별학습은 물론 모둠학습도 가능하고, 학습한 내용을 저장해두고 가정에서 이어서 학습할 수도 있습니다. 특히 멀티미디어 자료가 많아 3, 4학년 학생에게 큰 도움이 됩니다. 3, 4학년은 원하

는 정보를 어떤 단어로 찾아야 하는지 많이들 잘 모릅니다. 그래서 일반적인 인터넷 자료보다 교육적이고, 정선된 형태로 제공되는 디지털교과서의 자료들이 활용하기 좋았습니다.

2차시에서 소리가 어떻게 나는지 배울 때, [디지털교과서2018]에서는 소리 나는 목구멍의 변화를 동영상으로 보여줍니다. 몇몇 학생은 실제 신체 기관이 나와 징그러워하기도 하지만, 실제적인 자료를 제시하는 데는 장점이 많았습니다. 소리굽쇠를 수조에 넣어보는 활동도 단순히 동영상만 재생되는 것이 아니라 수조에 넣는 장면을 느린 화면으로 확인할 수 있도록 했습니다. 느린 화면으로 확인한 소리굽쇠의 진동은 학생들의 오개념을 바로잡는 데 큰 도움이 됐습니다.

3차시의 큰 소리, 작은 소리 구분 활동도 [디지털교과서2018]을 이용하면 모둠원들이 각각 헤드셋이나 이어폰을 끼고 돌아가며 음량 차이를 경험할 수 있습니다. 특히 작은북을 약하게 치고 세게 칠 때 좁쌀이 튀어 난장판이 될 걱정이 없다는 점은 큰 장점이었습니다.

4차시 역시 번거롭게 악기를 준비하지 않아도 [디지털교과서2018] 상에서 연주할 수 있습니다. 가상 팬플루트와 실로폰이 수록돼 터치와 마우스 클릭으로 연주할 수 있습니다. 굳이 과학실 책상 위에 악기들을 준비하지 않아도 디지털교과서 앱만 있으면 충분히 음의 높낮이 확인 활동을 할 수 있습니다. 그뿐만 아니라 수업 도입부에 학생들의 흥미를 높일 수 있는 AR 콘텐츠인 [실감형콘텐츠]를 경험해볼 수도 있어 AR 콘텐츠를 활용한 팬플루트 연주를 감상할 수도 있습니다.

5차시는 소리를 전달하는 물질을 배우는 차시입니다. 물속에 스피커를 두고 스피커가 어디에서 소리가 나는지 찾아보고, 진공 상태일 때와 진공이 아닐 때 들리는 소리의 차이를 알아봅니다. 소리가 물에 의해서도 전달되고 공기에 의해서도 전달되는 것을 알 수 있습니다. 다만 이 실험들은 수조에 스피커를 두고 소리를 내거나 진공 상태를 만드는 과정이 번거롭고 시간도 제법 오래 걸립니다. 이 실험들도 [디지털교과서2018]에 동영상으로 나와 있으니 혹 수업 시간이 모자라거나 실험이 잘 이루어지지 않았을 때 활용하면 올바른 실험 결과를 확인할 수 있습니다.

[디지털교과서2018]을 이용할 때 고려할 점은 학생들의 기억에 가장 잘 남는 건 어쨌든 직접 실험해보고 결과를 알아내는 탐구 활동이라는 점입니다. 예를 들어 6차시에 종이컵과 실을 가지고 실 전화기를 만드는 활동을 할 때, 처음 만드는 동안 학생들은 별다른 감흥이 없었습니다. 평범한 실, 종이컵, 클립으로 만든 전화기가 늘 손에 들고 다니는 휴대전화와 비교했을 때 너무나 볼품없기 때문입니다. 그러나 직접 만든 실 전화기로 실제 대화해본 뒤에는 무척 신기했습니다. 처음에는 귀찮아하며 2미터 정도로 짧게 만든 친구들이 나중에는 실을 몇 배는 더 늘려서 다시 실험했습니다. 여기서 주의할 점은 말할 때 실이 최대한 팽팽해야 잘 들린다는 것입니다. 실이 팽팽해야 소리의 진동이 더욱 잘 전달되기 때문입니다. 이 같

은 수업은 디지털교과서를 이용하기보다 직접 실험해보며 익히는 것이 올바른 교육 방법입니다. 디지털교과서가 교사의 수업 준비 시간을 확연히 줄여주는 것은 사실이지만, 이 편안함 때문에 학생들이 실제로 탐구하고 고민할 기회마저 줄어드는 경우는 없어야겠습니다.

▶악기 길이에 따라 다른 소리의 높낮이를 앱으로 확인하는 모습

01. [디지털교과서 2018] 앱을 실행한 뒤 **로그인**합니다. 회원가입이 필요할 경우 에듀
넷 티-클리어에 **접속해 가입합니다.**

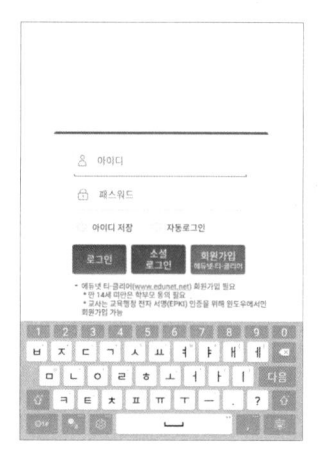

02. 디지털교과서를 사용하기 위해 화면 중앙의 **'디지털교과서 내려받기'**를 누
릅니다.

03. 필요한 교과서를 선택해 내려받습니다. **'과학 3-2'**를 누릅니다.

04. 내려받기를 원하는 단원을 선택한 뒤, 오른쪽 중앙의 **'선택한 책 내려받기'**를 눌러 교과서를 내려받습니다.

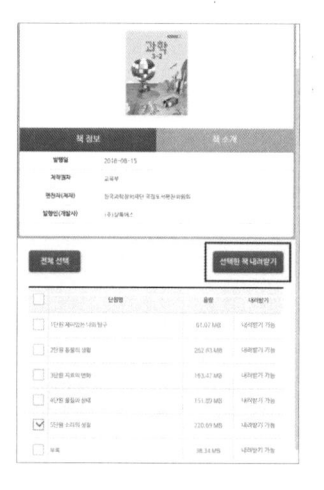

05. 내려받기가 완료된 교과서는 '내 서재'에서 열어볼 수 있습니다.

06. 교과서 하단의 메뉴 중 **'차례'**를 눌러서 교과서에 포함된 자료를 확인할 수 있습니다.

07. 차례에서 '**교과서 차례**'와 '**콘텐츠 차례**'를 볼 수 있습니다.

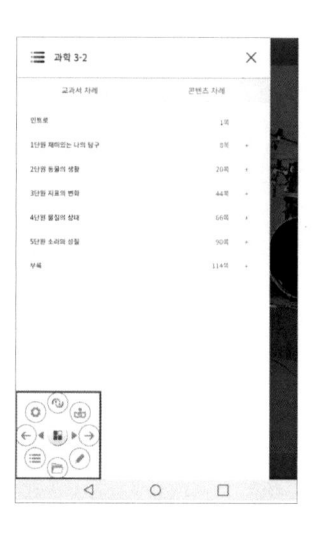

08. 콘텐츠 차례에서 다양한 자료의 목록을 볼 수 있습니다. AR, VR 자료를 보기 위해 상단의 메뉴에서 '**실감형**'을 누릅니다.

09. AR, VR 콘텐츠 중에서 원하는 콘텐츠를 눌러서 해당 페이지로 이동할 수 있습니다.

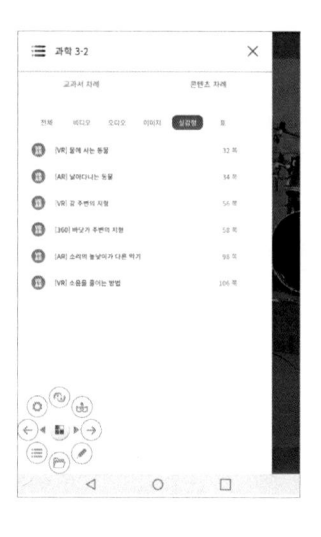

10. 왼쪽 상단의 **AR 아이콘**을 눌러 AR 콘텐츠로 넘어갈 수 있습니다.

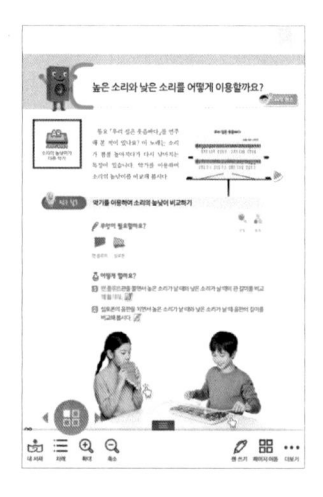

11. **AR 아이콘**을 누르면 AR 마커(디지털 기호를 담아둔 표식으로, 앱으로 마커를 스캔하면 마커가 있는 위치에 인식한 디지털 기호에 해당하는 증강현실을 만듭니다.)가 뜨는 것을 확인할 수 있습니다. 휴대전화에 [실감형콘텐츠] 앱이 설치된 경우, '소리의 높낮이가 다른 악기 AR'로 연결됩니다.

12. AR 콘텐츠를 실행하기 위해서는 [실감형콘텐츠] 앱이 필요합니다.

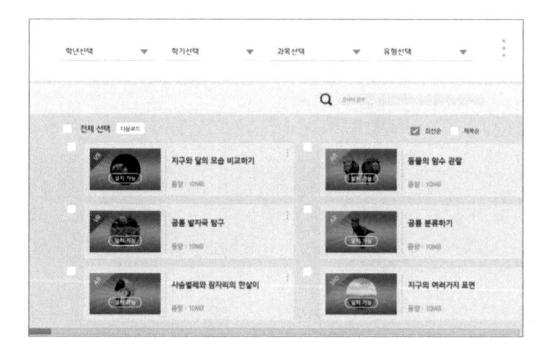

13. 상단에서 학년, 학기, 과목, 콘텐츠의 종류를 선택한 뒤 해당하는 콘텐츠를 확인할 수 있습니다. 3학년 2학기 과학 AR을 선택합니다.

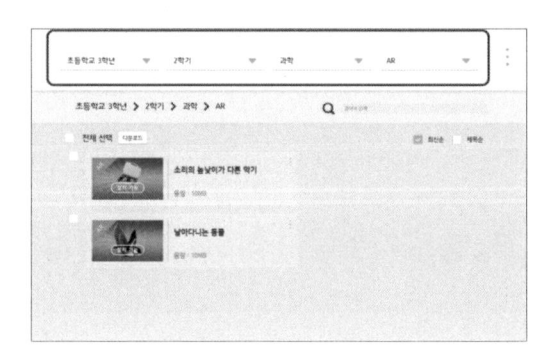

14. '**소리의 높낮이가 다른 악기**' 콘텐츠를 눌러서 내려받을 수 있습니다.

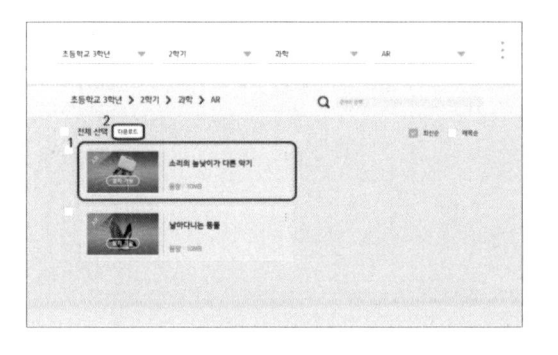

15. 다운로드가 완료되면 AR이 실행됩니다.

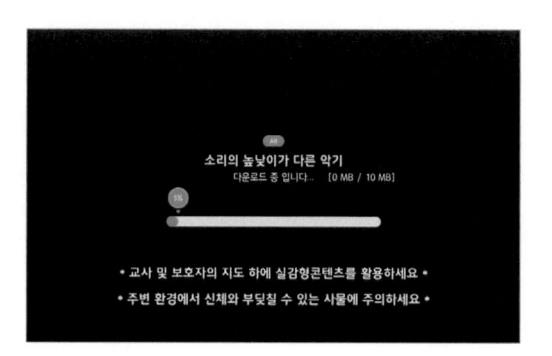

16. AR 마커를 스캔해서 활동할 수 있습니다. 오른쪽의 **여러 기능**을 눌러서 다양하게 앱을 활용할 수 있습니다.

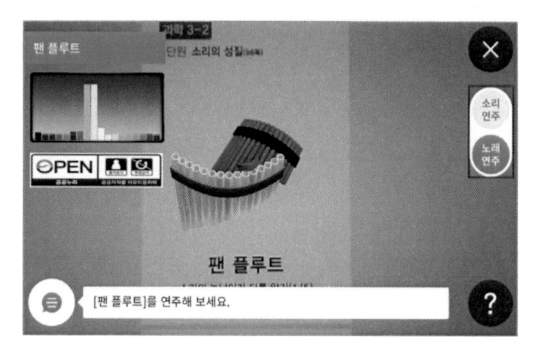

물체의 무게

	사용 앱	[윗접시저울 퀴즈]	QR코드
	기능	윗접시저울로 무게를 비교한 뒤, 논리적으로 해결할 수 있는 문제 제시	
	지원 OS	안드로이드	
	개발	sciencelove	

성취기준

[4과09-01] 일상생활에서 물체의 무게를 측정하는 예를 조사하고, 무게 측정이 필요한 이유를 설명할 수 있다.

[4과09-02] 수평 잡기 활동으로 물체의 무게를 비교할 수 있다.

[4과09-03] 용수철에 매단 물체의 무게와 용수철의 늘어난 길이의 관계를 조사하고 물체의 무게를 재는 원리를 설명할 수 있다.

[4과09-04] 간단한 저울을 설계해 제작하고 그 결과물을 평가할 수 있다.

차시 안내

[1차시] 무거운 상자를 들고 있는 사람 알아맞히기 놀이하기

[2차시] 저울로 물체의 무게를 측정하는 까닭 알아보기

[3차시] 추의 무게에 따라 용수철의 길이 변화 비교하기

[4차시] 추의 무게와 용수철의 길이 사이의 관계 알아보기

[5차시] 용수철저울로 물체의 무게 측정하기

[6차시] 수평 잡기의 원리를 이용해 물체 무게 비교하기

[7차시] 양팔저울로 여러 가지 물체의 무게 비교하기

[8차시] 생활에서 사용되는 저울의 성질이나 원리 알기

[9~10차시] 간단한 저울 만들기

[11차시] 물체의 무게를 정리하기

 **차시 활동**

"선생님! 지금 몇 시예요?"

"옆에 시계 있잖아. 몇 시인 것 같아?"

"잘 모르겠어요. 그냥 말해주시면 안 돼요?"

요즘 초등학생들은 시계를 잘 읽지 못합니다. 정확히 말하면 전자시계는 곧잘 읽고 말할 수 있지만, 아날로그시계는 잘 읽지 못합니다. 교육과정에 따르면 아날로그시계를 읽는 방법은 초등학교 2학년 2학기 4단원 시각과 시간 단원에서 배우는 데 말입니다. 왜 초등학교 4학년이 돼서도 아날로그시계를 잘 읽지 못할까요?

아날로그시계를 잘 읽지 못하는 것은 비단 4학년의 문제만은 아닙니다. 6학년들도 시계바늘이 있는 아날로그 시계를 잘 읽지 못하는 경우가 제법 있습니다. 근본적인 원인은 아날로그 시계를 볼 기회가 적어졌다는 것입니다. 실제로 학생들에게 "시간을 무엇으로 확인하니?"라고 물어보면 열이면 열 휴대전화나 스마트패드로 확인한다고 말합니다. 성인들도 마찬가지입니다. 숫자로 표시되는 전자시계를 이용해 시간을 확인하면 확실히 간편합니다. 아날로그시계는 긴 바늘이 8을 가리키면 8분이 아니라 40분이라는 것을 생각해야 하고, 짧은 바늘이 2와 3 사이에 있으니 2시 40분이라는 것을 한 번 더 생각해야 하니까요. 이에 반해 전자시계는 2:40이라고 표시되니 학생들은 두 시 사십 분이라고 바로 알 수 있습니다.

이런 현상은 시계뿐만 아니라 저울을 활용할 때도 쉽게 볼 수 있습니다. 예전에는 가정이나 목욕탕에 바늘로 무게를 가리키는 저울이 있었지만, 요즘은 대부분 전자저울을 사용합니다. 전자시계, 전자저울은 정확한 시간과 무게를 측정할 수 있지만, 학생들의 수감·양감 향상에는 도움이 되지 못합니다.

아날로그시계를 배울 때 바늘을 돌리면 긴 바늘(분침)이 한 바퀴 도는 동안 짧은 바늘(시침)이 한 칸 움직이는 것을 볼 수 있습니다. 분침이 한 바퀴 돌면 한 시간이 지난다는 것을 알게 됩니다. 비슷한 맥락으로 무게에 대한 양감을 기르기 위해 4학년 1학기 물체의 무게 단원은 의미가 있습니다. 이 단원에서 학생들은 무게의 단위를 배우고 실제로 무게를 어림해봅니다. 하지만 g, kg처럼 무게의 단위를 배워도 100g, 1kg이 어느 정도인지 어림하는 데는 어려움을 느낍니다. 실생활에서 무게를 재는 경우가 거의 없어서인지 무게를 어림하는 활동에서도 우유 한 팩은 500g, 지우개도 500g, 연필도 500g 하는 식으로 논리적으로 생각하기보다는 그냥 때려 맞추는 경향이 있습니다. 어림에는 교육과정상 정해진 답이 있는 것이 아니라 틀리게 적어도 상관없어 별다른 사고의 과정 없이 답을 적어갑니다.

이후 전자저울로 우유, 지우개, 연필 등의 무게를 측정해도 답을 실험관찰지에 적기에만 급급할 뿐, 어림한 값과 실제 측정한 값의 차이를 생각하지 않습니다. 그도 그럴 것이 1년에 한두 번 신체검사 할 때나 목욕탕에서 몸무게를 측정할 때 자기 몸무게 정도만 잴

뿐이고 다른 물체의 무게가 얼마나 되는지 측정할 일도 생각할 필요도 없기 때문입니다. 그러니 2차시의 여러 가지 물체의 무게를 비교하는 활동에서 'A가 B보다 무거울 것이다.'라고 생각은 해도 얼마나 무겁고 몇 배나 무거울까 등은 생각하지 못합니다. 무게에 대한 양감이 어느 정도 있으면 6차시 수평 잡기의 원리를 이용해 무게를 비교하거나 7차시 양팔저울로 무게 비교하기 활동을 어려움 없이 수행할 수 있지만, 양감이 발달하지 못하면 '부피가 큰 물체가 작은 것보다 무거울 것이다.'라는 오개념이 발생하기 쉽습니다.

이 단원에서 가장 많은 시수가 할애되는 활동은 용수철저울을 이용해 무게를 측정하는 활동입니다. (3~5차시에 걸쳐 배웁니다.) 추의 무게에 따라 용수철의 길이 변화를 관찰하고, 추의 무게와 용수철 길이 사이의 관계를 알아본 뒤 마지막으로 실제 용수철저울을 사용해 물체의 무게를 측정합니다. 이렇게 오랫동안 수업이 이루어지는 만큼 용수철이 무게에 따라 얼마나 늘어나느냐가 매우 중요하지만, 용수철은 보관 상태에 따라 탄성력에 변화가 생깁니다. 이에 따라 무게에 따른 길이 변화도 부정확해질 수 있습니다. 보관 상태에 따라 측정 무게가 달라지는 것입니다. 이론상으로는 추가 늘어나고 줄어들 때마다 용수철저울도 일정하게 늘어나고 줄어들어야 하는데 제대로 보관되지 않은 용수철은 추의 무게가 늘어날수록 탄성을 잃은 탓에 규칙적으로 늘어나거나 줄어들지 않습니다. 이러면 같은 물체를 재도 어떤 모둠에서는 100g, 어떤 모둠에서는 110g 식으로 부정확한 측정값이 나와 학생들이 오히려 더 혼란스러워할 수 있습니다.

이를 방지하려면 보관할 때도 물론이거니와 실험 도중에도 용수철이 탄성을 잃지 않도록 장난삼아 너무 무거운 물체를 달지 않도록 주의해야 합니다. 용수철의 탄성뿐만 아니라 영점 조정도 중요한 확인 사항입니다. 용수철저울을 사용할 때는 표시자에 눈높이를 맞추고 영점 조절 나사를 돌려 표시자를 눈금 '0'에 맞춰야 하는데, 학생들은 이것을 잊고 안 하는 경우가 많습니다. 영점 조정이 안 돼 있다면 반복해서 방법을 알려주고 확인하도록 해야 합니다. 간혹 용수철저울에 머리카락이 긴 학생들의 머리카락이 끼어 다치거나 스탠드에 용수철저울을 매달아 관찰하다가 스탠드가 넘어지면서 다치는 경우도 생길 수 있으니 안전에도 유의해야 합니다.

5차시까지 용수철저울의 오류 때문에 학습에 어려움을 겪었다면 6, 7차시는 물체의 무게 사이의 인과관계 때문에 어려움을 느낍니다.

특히 6차시의 경우 수평대라는 긴 나무판자 위에 물체를 놓아 두 물체 사이의 무게 관계를 탐구합니다. 시소처럼 같은 무게의 물체의 경우 받침점에서 같은 거리에 물체를 놓으면 수평이 되고 무게가 다른 물체는 무거운 물체를 받침점에서 가까운 거리에 두면서 물체와 받침점 사이의 거리를 조정해 수평이 되도록 합니다. 시소를 생각해보거나 원리를 생각해보면 복잡하지 않아 보이지만, 물체를 놓을 때 학생들은 별생각 없이 물체를 놓기 때문에 여러 번 시행착오를 겪은 후에야 수평을 잡을 수 있습니다.

7차시에서는 수평대의 원리를 이용한 양팔저울로 수평 잡기 활동을 합니다. 양팔저울로 두 물체의 수평 잡기 활동도 하지만 A 물체가 클립 몇 개와 같은 무게인지 측정하는 활동도 합니다. 예를 들어 연필은 클립 8개, 집게는 클립 5개를 놓으면 수평이 된다는 것을 탐구하고 클립 말고도 기준 물체가 될 수 있는 물질은 무엇인지 생각해봅니다. 클립 이외에는 금액이 같은 동전, 같은 모양의 단추, 무게가 같은 구슬 등이 기준이 될 수 있습니다. 물체의 무게 단원은 단순히 무게 비교 활동에서 끝나지 않고 다음과 같이 물체들 사이의 무게 관계를 생각하는 힘을 갖추도록 해야 합니다.

> 생각1. A는 클립 5개와 수평이 되는구나.
> 생각2. B는 클립 8개를 올려놓으면 수평이 되는구나.
> 생각3. 그럼 A가 B보다 가볍구나.

이런 사고과정은 간단해 보이지만 생각하는 방법을 잘 모르는 학생들은 단순히 클립을 올리고 기계적으로 수평을 만드는 데 급급할 뿐 논리적으로 생각하지 않습니다. 어떻게 하면 학생들이 차분히 생각할 수 있게 만들까요? 이에 대한 답이 [윗접시저울 퀴즈] 앱입니다. 이 앱을 통해 학생들은 퀴즈, 게임 형식으로 물체 사이의 인과관계를 생각해볼 수 있습니다. 하지만 4학년 수준에서 윗접시저울은 교육과정에 나오지 않습니다. 그렇기 때문에 이 앱을 사용할 때 윗접시저울의 영점 조정이나 분동 사용법 등과 같이 윗접시저울을 사용하는 구체적인 방법은 가르치지 않습니다. 자칫 선행학습이 될 수 있기 때문입니다. 대신 여러 물체의 무게 관계를 퀴즈 형식으로 내고, 가상으로 측정할 수 있게 해서 수업 시간이나 쉬는 시간에 학생들이 사용하기에 무리가 없습니다. 문제의 수준은 다음과 같습니다.

문제

공 9개 중 무거운 공 1개를 저울질 2번 만에 찾아내시오. 다른 공들은 무게가 모두 같습니다.

이 문제를 해결하려면 어떻게 해야 할까요?

문제해결 순서

1. 공 1~6번 공을 3개씩 윗접시저울에 올림
2. 첫 번째 접시에 1, 2, 3번 공, 두 번째 접시에 4, 5, 6번 공을 올린 후 측정
3-1. 첫 번째 접시 > 두 번째 접시 (1, 2, 3번 공 중에 무거운 공이 있음)
3-2. 첫 번째 접시 < 두 번째 접시 (4, 5, 6번 공 중에 무거운 공이 있음)
3-3. 첫 번째 접시 = 두 번째 접시 (7, 8, 9번 공 중에 무거운 공이 있음)

만약, 3-1과 같은 결과가 나온다면

4. 1, 2, 3번 공 중 2개를 선택해 측정
5-1. 1번 공 = 2번 공 (3번 공이 가장 무거움)
5-2. 1번 공 > 2번 공 (1번 공이 가장 무거움)
5-3. 1번 공 < 2번 공 (2번 공이 가장 무거움)

생각하기 좋아하는 학생들은 수준별 학습 시간에 즐겁게 풀이하지만, 문제의 난이도가 높으니 학생들 수준에 따라 제시하는 것을 추천합니다. 보조 문제를 만들어 프린트해서 나눠주는 것도 좋은 방법입니다. 예를 들어, 아래와 같은 보조문제가 있습니다.

보조문제
공 3개 중 무거운 공 1개를 저울질 1번 만에 찾아내시오. 다른 공들은 무게가 같습니다.

이러한 보조 문제는 앱 내 문제 해결에 충분히 도움이 됩니다. 윗접시저울을 수업에서 도입하는 것이 부담스럽다면 문제 내용만 참고하여 파워포인트를 활용해 퀴즈로 제시할 수도 있습니다. 이 문제들은 단순히 교과서 내용을 확인하는 문제와는 달라 흥미 유발에 유용했습니다.

▶[윗접시저울 퀴즈] 앱을 이용해 무게를 비교해보는 모습

01. [윗접시저울퀴즈] 앱 화면에서 무게를 비교해보기 위해 공을 저울 위에 올린 다음, **'측정'** 버튼을 누릅니다. 빨간 삼각형으로 표시된 공을 제외하고는 모두 무게가 같습니다. 공을 각 접시에 한 개, 또는 여러 개씩 드래그해서 올려 양쪽의 무게를 비교할 수 있습니다.

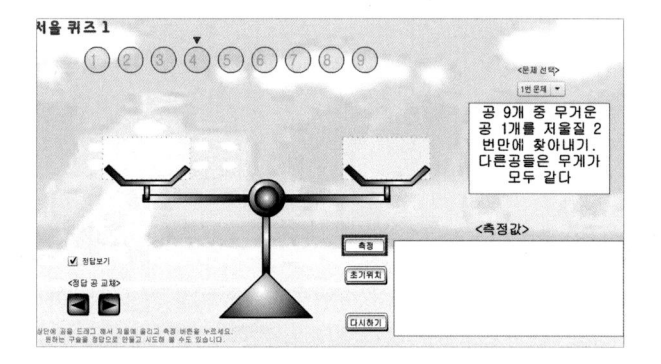

02. 측정값은 오른쪽 아래에 공의 번호와 기호로 표시됩니다. 저울이 수평을 유지하면(무게가 같으면) '등호(=)'로 표시됩니다.

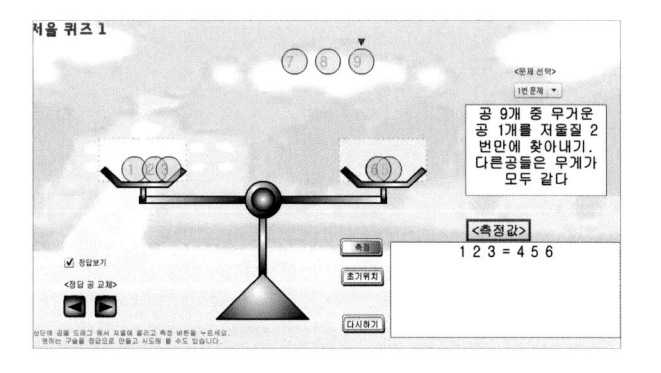

03. 측정값을 남겨둔 채 공을 원래 위치로 돌아가게 하고 싶으면 **'초기위치'**를 누릅
니다.

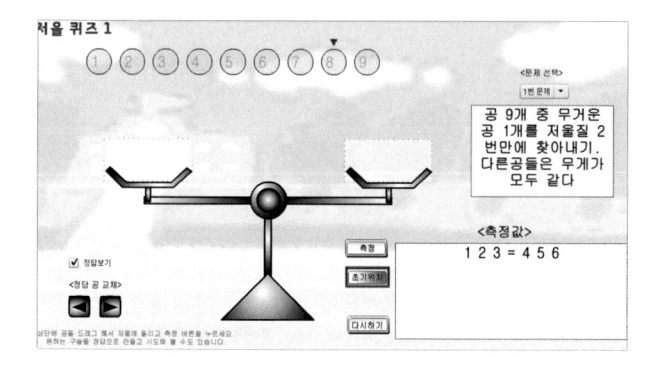

04. 공을 각 접시에 한 개씩 올리고 **'측정'** 버튼을 눌러 무게를 측정할 수 있습니다.
측정값은 사라지지 않고 계속 기록됩니다.

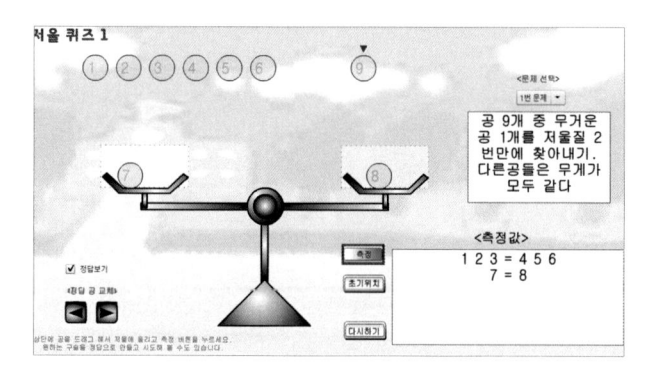

05. 측정값을 모두 지우고 다시 무게를 비교하고 싶으면 '**다시하기**' 버튼을 누릅니다.

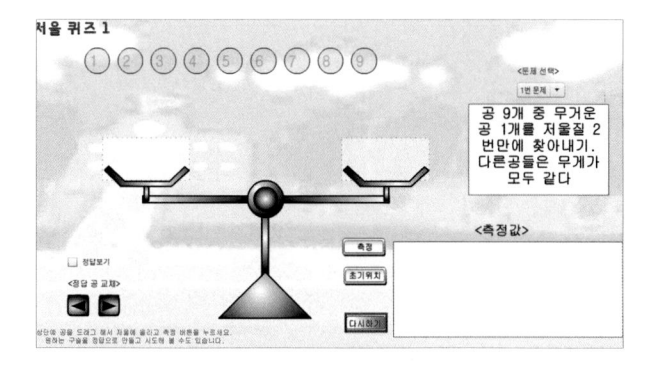

06. 양쪽 무게가 다를 경우 무거운 쪽으로 저울이 기울어집니다. 이때 측정값은 '부등호(<, >)' 기호로 비교합니다. 무거울수록 값이 크기 때문에 측정값에 '가벼운 공< 무거운 공(예: 1,2<3,4)'으로 표시됩니다.

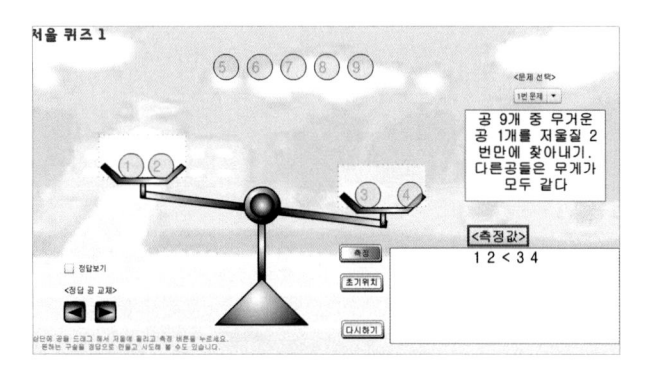

07. 왼쪽 하단의 **'정답보기'**의 체크박스를 해제해 무게가 다른 공을 표시하지 않고 오른쪽에 제시된 문제를 해결해볼 수 있습니다.

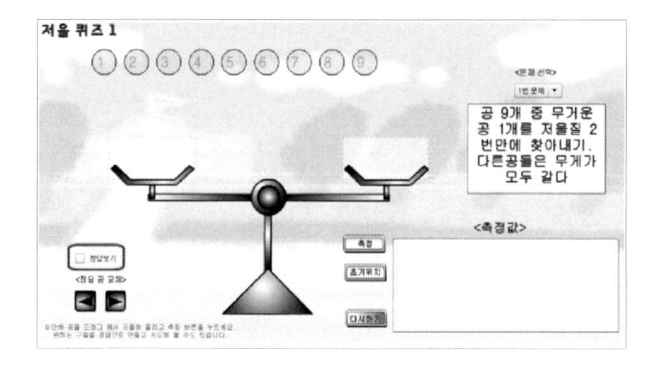

08. 오른쪽 상단에서 **문제**를 선택해서 해결해볼 수 있습니다.

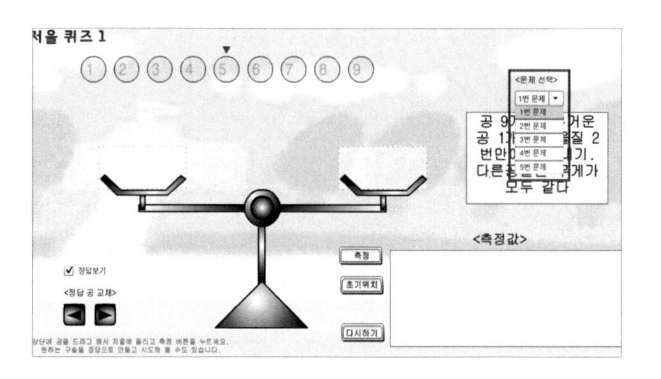

그림자와 거울

	사용 앱	[빛 가상실험실2]	QR코드
	기능	빛과 관련된 다양한 가상실험을 할 수 있으며 정보의 표시로 실험을 쉽게 이해할 수 있음	
	지원 OS	안드로이드	
	개발	sciencelove	

성취기준

[4과15-01] 여러 가지 물체의 그림자를 관찰하여 그림자가 생기는 원리를 설명할 수 있다.

[4과15-02] 전등과 물체 사이의 거리에 따른 그림자의 크기 변화를 관찰하여 서술할 수 있다.

[4과15-03] 물체와 평면거울에 비친 모습을 비교하여 거울의 성질을 설명할 수 있다.

차시 안내

[1차시] 재미있는 동물 그림자 만들기

[2차시] 그림자가 생기는 조건 알아보기

[3차시] 불투명한 물체와 투명한 물체의 그림자는 어떻게 다른지 알아보기

[4차시] 물체 모양과 그림자 모양이 비슷한 까닭 알아보기

[5차시] 그림자의 크기를 변화시키려면 어떻게 해야 하는지 알아보기

[6차시] 거울에 비친 물체의 모습은 실제 물체와 어떻게 다른지 알아보기

[7차시] 빛이 거울에 부딪치면 어떻게 되는지 알아보기

[8차시] 우리 생활에서 거울을 어떻게 이용하는지 알아보기

[9~10차시] 거울로 재미있는 장난감 만들기

[11차시] 그림자와 거울에서 배운 내용 정리하기

 **차시 활동**

 과학 수업을 할 때 가장 쉬우면서도 학생들에게 지적 호기심을 불러일으키는 것은 주위 사물이나 현상을 도입하는 것입니다. 과학적 원리가 들어간 행동이나 현상을 보면서 '왜?'라는 물음을 갖게 한다면 이후 수업을 더 쉽게 진행할 수 있습니다.

 그림자와 거울은 우리 주위에서 쉽게 이용할 수 있는 소재입니다. 그림자, 거울과 관련된 동화나 이야기는 어렵지 않게 찾을 수 있습니다. 그림자와 거울은 이렇게 친근한 소재이지만 학생들에게 그림자가 생기는 까닭이나 거울의 좌우가 반대되는 까닭 등을 물어보는 질문은 친근하지 않습니다. 이 질문에 대한 답은 과학적 원리를 알아야 대답할 수 있기 때문입니다.

 그림자와 거울 단원은 현상에 대한 관찰도 많이 나오지만, 학생들이 더 깊이 이해하도록 하기 위해서는 현상적 자료뿐만 아니라 도식화된 자료가 큰 도움이 될 것입니다.

 이 단원에서 어려운 부분을 학생들이 도식적으로 이해할 수 있도록 [빛 가상실험실2] 앱을 이용했습니다. 도식적인 이해는 복잡한 실제 현상을 단순화시켜 학생들이 과학적 원리를 파악하는 데 도움을 줍니다. 차시마다 아래와 같이 앱을 적용했습니다.

 2~4차시까지는 빛의 직진과 관련된 내용이 나옵니다. 학생들은 빛이 직진하는 성질 때문에 물체를 통하지 못하고 빛이 닿지 못하

는 부분이 생겨 그림자가 생긴다는 것을 공부하는데, 이 내용까지
는 어렵지 않게 이해합니다. 하지만 광원-물체-그림자 사이의 상관
관계를 예상하고 실험하는 5차시에서는 어려워하는 학생들을 볼
수 있습니다. 4학년의 인지 사고 발달단계 상 과학적 인과 관계를
완벽히 이해하는 것은 아직 어려운 사고 과정인 탓일 것입니다. 그
러나 4학년 학생들도 빛과 물체의 거리를 가깝게 하면 그림자의 크
기가 점점 커지고 빛을 멀게 하면 그림자의 크기가 점점 작아진다
는 정도는 관찰할 수 있습니다. [빛 가상실험실2] 앱은 학생들이 화면
상의 물체 위치를 조정하고, 광원 사이의 거리를 조정하게 해서 그
림자의 크기가 어떻게 변화하는지 쉽게 확인 가능합니다.

▶광원과 물체의 거리를 앱으로 변화시키며 이에 따른
그림자의 크기를 알아보고 빛의 성질을 학습하는 모습

6차시에 학생들은 그림자에 이어 '거울'이라는 익숙한 소재를 탐구합니다. 거울은 좌우가 서로 바뀌어 보입니다. 이와 관련된 내용도 평소에 알던 내용이지만 막상 원리를 이야기해보거나 설명하라면 잘 대답하지 못합니다. 해당 앱을 이용한다면 거울에 비친 모습이 왜 좌우가 반대로 보이는지 스스로 탐구할 기회를 가질 수 있습니다. 거울에 물체만 비추는 것이 아니라 글자도 비추어봄으로써 좌우가 확실하게 바뀌어 보이는지 확인할 수 있습니다.

[빛 가상실험실2] 앱은 이론적인 부분을 배우고 실제적 실험을 하기 전 가상으로 조작하는 활동으로 이용되기에 적절한 도구입니다. 이러한 학습 기법은 발견 학습 모형의 '자료제시 및 관찰 탐색' 단계에 이용 가능합니다. 실제 돋보기와 거울을 제공하기 전에 가상으로 실험할 수 있는 앱을 제공해 실험 실패에 대한 두려움을 해소합니다. 다음 단계로 '추가 자료제시 및 관찰 탐색' 단계에서 실제 돋보기와 거울로 과학적 결과를 확인하고 원리를 깨우칠 수 있습니다.

01. [빛 가상실험실2] 앱 메인화면에서 원하는 주제의 실험을 눌러 가상실험을 할 수 있습니다.

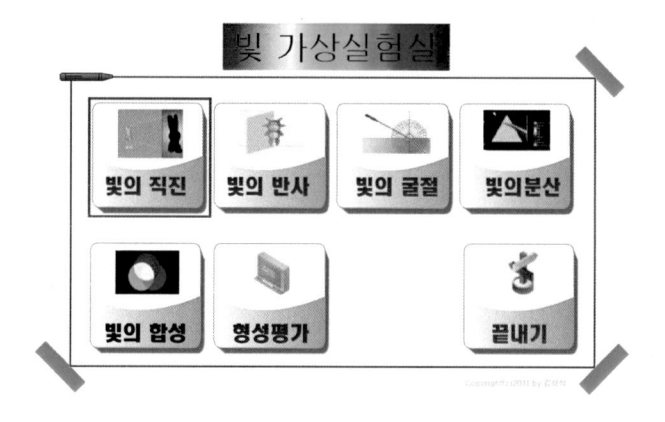

02. 메뉴에서 **'빛의 직진'**을 선택하면 빛의 직진에 대한 개념 설명을 볼 수 있습니다. 오른쪽에 있는 여러 실험 중 원하는 실험을 누릅니다.

1. 빛의 직진

빛의 직진 : 광원에서 나온 빛이 한 물질 내에서 곧게 나아가는 현상

① 그림자 : 빛이 진행하다가 물체를 만났을 때 투과해 가는 빛이
없으면 물체의 뒤쪽에 그림자가 생김 　　　　 **그림자실험**

② 일식과 월식 : 달의 그림자 속에 지구가 들어가는 것이 일식,
지구의 그림자 속에 달이 들어가는 것이 월식

③ 바늘구멍 사진기 : 빛이 직진하기 때문에 바늘구멍 사진기를
만들 수 있음 　　　　 **바늘구멍사진기 실험**

④ 해시계 : 햇빛의 그림자를 이용하여 세종대왕 때 장영실이
만든 앙부일구라는 해시계를 만들어 시각을 알 수 있 **돌아가기**

03. **'그림자 실험'**에서 빛과 물체의 거리에 따른 그림자 크기를 비교해볼 수 있습니다. 화면을 기울이거나 드래그해 빛과 물체 사이의 간격을 조절할 수 있습니다.

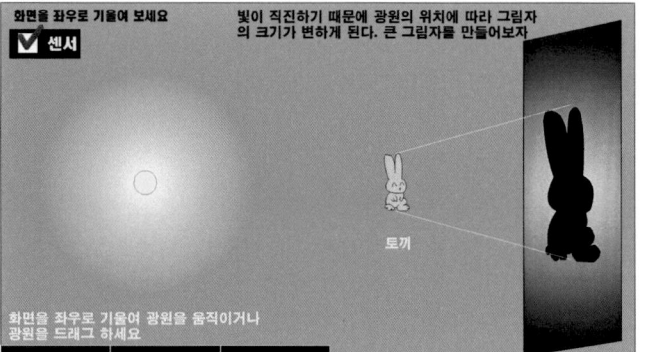

04. 왼쪽 하단의 **'선보이기'** 체크박스를 해제하면 선이 보이지 않습니다.

05. 왼쪽 하단의 **'그림자'** 체크박스를 해제하면 물체의 그림자 대신에 구멍 사이로 통과한 빛의 크기를 관찰할 수 있습니다.

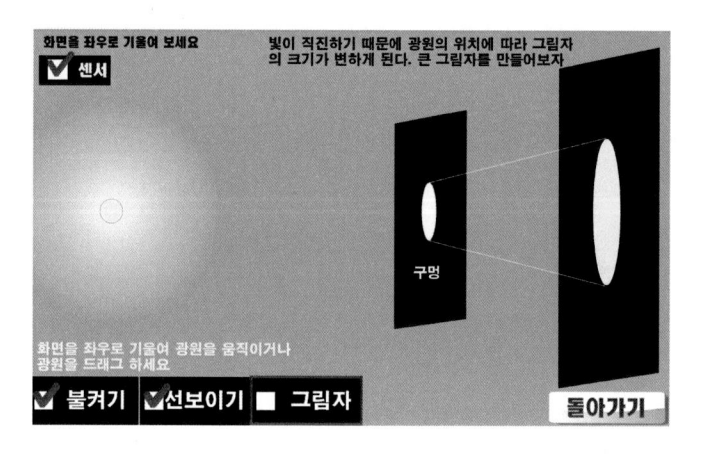

06. 왼쪽 하단의 **'불켜기'** 체크박스를 해제하면 불빛이 꺼져서 그림자가 생기지 않는 것을 관찰할 수 있습니다.

07. 메인화면에서 **'빛의 반사'**를 선택하면 빛의 반사에 대한 개념 설명을 볼 수 있습니다. 오른쪽의 여러 실험 중 원하는 실험을 누릅니다.

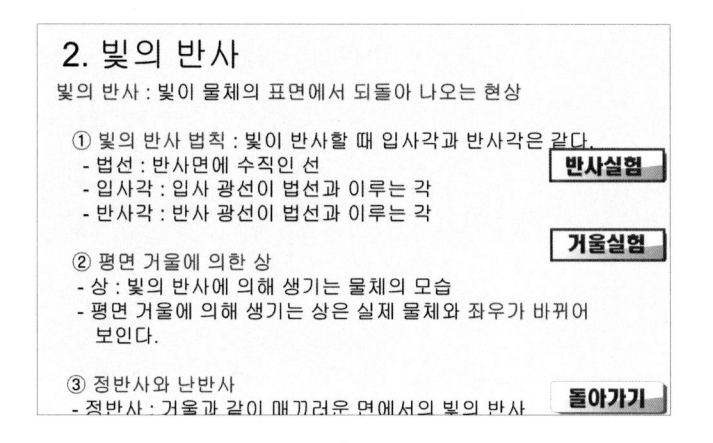

08. **'반사실험'**에서는 빛이 나아가다가 거울에 부딪히면서 방향이 바뀌는 성질을 확인할 수 있습니다.

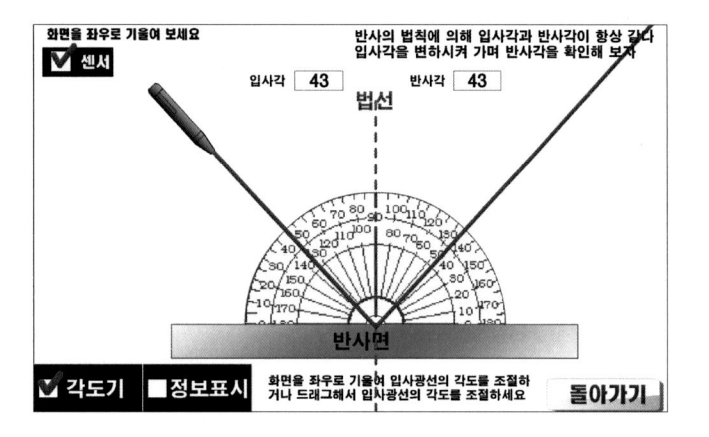

09. 왼쪽 아래의 **'정보표시'**를 체크하면 빛의 반사와 관련된 여러 용어를 알 수 있습니다.

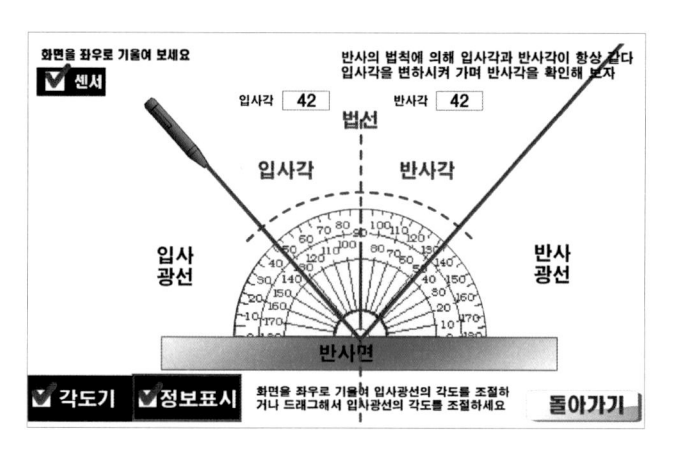

10. 07에서 **'거울실험'**을 눌러 거울에 비친 물체의 모습과 실제 물체의 모습을 비교해 볼 수 있습니다.

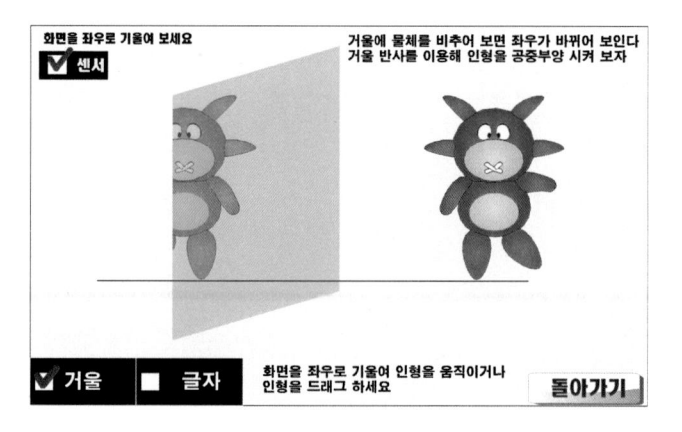

11. 왼쪽 아래의 **'글자'**를 체크하면 인형 대신 글자가 나타납니다. 거울에 글자를 비추었을 때의 현상을 관찰할 수 있습니다.

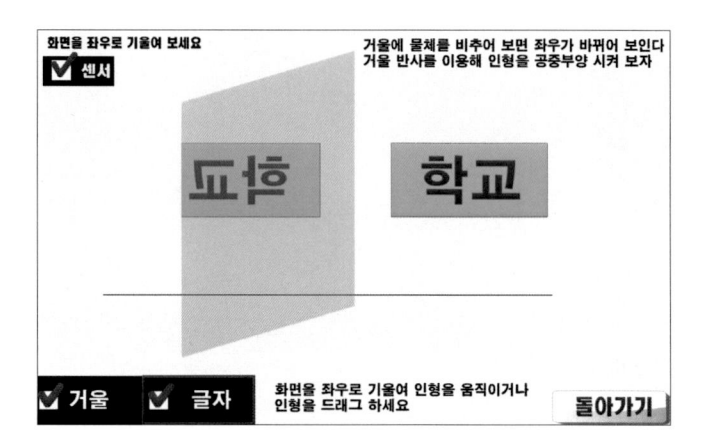

온도와 열

	사용 앱	[Kahoot!]	QR코드
K!	기능	퀴즈를 생성한 뒤, 실시간으로 여러 사람을 참여시켜 문제를 풀게 한 뒤 결과를 확인할 수 있음	
	지원 OS	안드로이드, iOS	
	개발	Kahoot!	

 성취기준

[6과01-01] 일상생활에서 온도를 어림하거나 측정하는 사례를 조사하고 정확한 온
도 측정이 필요한 이유를 설명할 수 있다.

[6과01-02] 온도가 다른 두 물체를 접촉해 온도가 같아지는 현상을 관찰하고 물체
의 온도 변화를 열의 이동으로 설명할 수 있다.

[6과01-03] 고체 물질의 종류에 따라 열이 전도되는 빠르기를 관찰로 비교하고 일
상생활에서 단열을 이용하는 예를 조사할 수 있다.

[6과01-04] 액체나 기체에서 대류 현상을 관찰하고 대류 현상에서 열의 이동을 설
명할 수 있다.

성취기준

[1차시] 색이 변하는 신기한 종이컵

[2차시] 온도의 의미와 온도 측정의 필요성 알기

[3~4차시] 온도계 사용법 익히고 여러 장소의 온도 측정하기

[5차시] 온도가 다른 두 물질이 접촉할 때의 열의 이동 알기

[6차시] 고체에서 열의 이동 알기

[7차시] 고체 물질의 종류에 따른 열의 이동 빠르기 알기

[8차시] 액체에서 열의 이동 알기

[9차시] 기체에서 열의 이동 알기

[10~11차시] 단열이 잘되는 집 만들기

[12차시] 온도와 열 정리하기

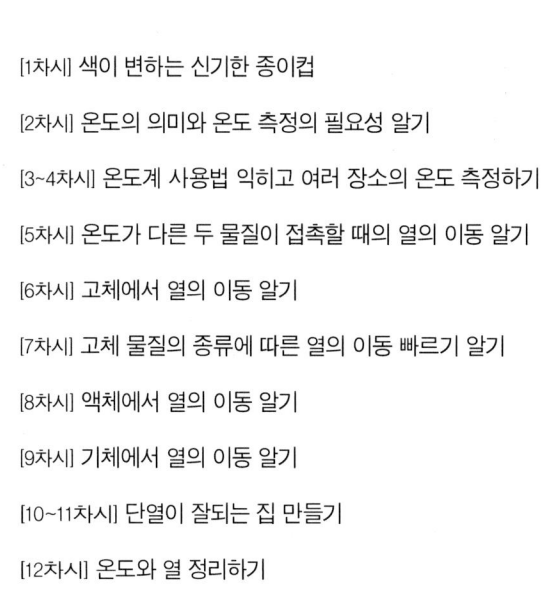

 **차시 활동**

　〈도전! 골든벨〉이라는 프로그램 아시나요? 고등학생들이 문제 정답을 화이트보드에 쓰고, 많이 맞힌 사람이 우승하는 프로그램입니다. 골든벨 활동은 선생님이 수시로 학생 수준을 확인하는 데 유용합니다. 또한 학생들이 문제 풀이에 대한 스트레스를 덜 받게 합니다. 문제 풀이라는 생각에서 벗어나, 친구들과 선생님이 같이 하는 게임이라고 생각해 즐겁게 참여한다는 것이 골든벨 활동의 큰 장점입니다.

　이 골든벨 활동은 저학년 학생들이 많이 좋아합니다. 저학년 학생들은 스케치북에 답을 쓴다는 것만으로도 큰 매력을 느낍니다. 자신이 정답을 맞혔는지 틀렸는지에도 크게 개의치 않습니다. 옆자리 친구가 틀렸다고 놀리거나 자신이 틀렸다고 기죽어 있는 일도 적습니다. 골든벨을 수업 시간에 할 수 있는 재미있는 이벤트 정도로 생각합니다.

　그러다 고학년 학생들은 공개적으로 문제를 푸는 데 부끄러움을 갖습니다. 특히 학습에 소극적인 학생들이 자신의 정답판을 들거나 쓰는데 부담을 가집니다. '내가 쓴 답이 정답일까?', '정답이 아니면 부끄러울 것 같은데…', '다른 친구들은 다 아는데, 나만 모르는 게 아닐까?' 생각하는 것입니다. 관심 없는 듯 답을 적지 않거나 다른 친구들 몰래 답을 훔쳐보고 눈치껏 정답판을 드는 학생들도 있습니다. 어떻게 하면 고학년 학생들이 재미있게 문제 풀이에 참여할 수 있을까 생각하다가 [Kahoot!]이라는 앱을 발견했습니다. 해외 앱이라 영어로 돼 있지만, 이용법이 간단해 금방 배울 수 있습니다. 무엇보다 [Kahoot!]은 학생들에게 문제 풀이의 부담감을 낮춰줄 수 있는 여러 요소를 지녔습니다.

첫째, 익명으로 퀴즈에 참여할 수 있습니다. 학생들이 자신의 이름이 아닌 별명이나 다른 닉네임으로 설정해 참여할 수 있습니다. 물론 자신의 이름을 사용해도 됩니다. 이렇게 익명성이 보장된 환경은 부끄러움이 많은 학생도 학습에 부담 없이 참여 가능합니다.

둘째, 재미있는 시스템으로 학생들이 즐겁게 문제 풀이를 할 수 있습니다. [Kahoot!]은 한 문제 한 문제가 끝날 때마다 현재 점수 순위 및 학생들의 점수를 띄워줍니다. 이때 점수가 계산되는 방식은 단순히 정답 여부만으로 계산되지 않고 응답 속도에도 영향을 받습니다. 이런 게임적 요소들은 학습에 흥미가 적은 학생들도 즐겁게 참여하도록 만들어줍니다.

셋째, 문제 풀이는 개개인의 스마트기기를 활용할 수 있으므로 집중력도 향상됩니다. 보통 수업에서 스마트기기는 짝별, 모둠별로 사용됩니다. 이 방식의 장점도 분명 존재하나 학생의 수준 확인을 위한 문제 풀이는 개별적으로 풀이하는 것이 효율성에서 더 좋다고 생각됩니다. 또한, [Kahoot!]은 안드로이드, iOS를 가리지 않고 사용할 수 있습니다. 학교에 스마트기기가 충분하지 않더라도 학생의 개인 스마트폰을 함께 사용한다면 충분히 1인당 1기기로 문제 풀이가 가능할 것으로 예상합니다. 개인적으로 응답한다면 자연스레 집중도가 높아질 것입니다.

대신 스마트기기에 어느 정도 익숙한 편이 좋아 고학년 이상에서 사용하시는 것을 추천합니다. 예를 들어 [Kahoot!]을 활용한 5학년 1학기 2단원 온도와 열 단원의 문제는 다음과 같이 낼 수 있습니다.

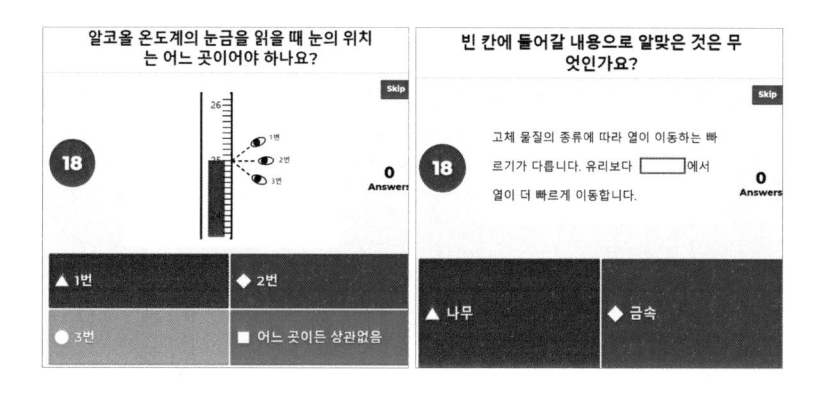

첫 번째 문제는 온도계를 읽을 때 눈의 위치를 묻는 내용이고, 두 번째 문제는 고체의 종류에 따른 열의 이동 빠르기를 푸는 문제입니다. 이때 문제는 선생님들이 직접 작성해야 합니다. 사진, 텍스트 모두 첨부할 수 있고 다양한 형식으로 문제를 만들 수 있습니다. 사지선다형, 참/거짓 판별형, 투표하기 등의 형식으로 제시할 수 있습니다. 문제 풀이 시간도 교사가 설정할 수 있어 수준에 맞춰 풀이 시간 조정이 가능합니다. [Kahoot!]은 간단하고 재미있는 문제 풀이를 통해 배운 내용을 확인하는 데 유용합니다.

5학년 1학기 2단원 온도와 열 단원은 실험 과정에서 오류가 잘 발생하는 단원입니다. 실험 과정에서 생긴 오류는 학생들의 오개념으로 굳어질 가능성이 큽니다. 예를 들어 고체, 액체, 기체의 온도에 따른 열의 이동을 관찰하는 실험들은 기본적으로 통제 변인이 많이 필요합니다. 액체, 기체의 경우 작은 액체나 기체의 움직임에 대류 형태가 바뀌어 오류가 발생할 가능성이 큽니다. [Kahoot!]은 사진 자료 및 유튜브 링크도 문제에 첨부할 수 있어서 올바른 실험 결과를 확인할 수 있습니다. 정선된 실험 결과를 바탕으로 개념을 확인하고 문제도 풀이할 수 있습니다.

그럼 실제 5학년 1학기 2단원 온도와 열 단원을 수업하는 데 겪을 수 있는 어려움은 어떤 것들이 있을까요? 기본적으로 온도와 열을 측정하고 변화를 알아보는 단원이기 때문에 늘 안전 수칙을 숙지해야 합니다. 먼저 2, 3, 4차시에서는 온도의 의미 및 온도 측정의 필요성을 느끼고 실제 온도를 측정해봅니다. 이와 관련된 수업에서는 큰 안전사고의 위험이 있진 않지만, 유리로 만들어진 온도계를 이용할 때는 깨지지 않도록 조심해야 합니다. 여러 장소를 돌아다니며 온도를 측정하는 활동에서도 조심해야 합니다. 학생들이 교사의 시야에서 벗어날 수 있습니다. 되도록 모둠별로 이동하며 온도를 측정하도록 함으로써 만에 하나 생길 수 있는 안전사고를 예방해야 합니다. 교실 내부 또는 복도같이 온도가 차이 나는 곳만 측정해도 됩니다. 다만 선생님이 다양한 온도계 종류를 준비해 물건의 종류나 상황에 따라 다양한 온도계로 온도를 측정할 기회를 주는 것이 좋습니다. 2020년 코로나 19로 체온 측정을 많이 해본 학생들은 온도계의 중요성을 어느 때보다 실생활에서 많이 느꼈습니다. 이전에는 잘 사용하지 않던 적외선 온도계를 일상생활에서 많이 사용 중입니다. 자연스레 접촉식 온도계와 비접촉식 온도계의 차이와 쓰임을 알게 됐습니다.

이 단원의 6~9차시는 온도를 측정하고 열의 이동을 탐구합니다. 열의 이동을 알아보며 뜨거운 물질에 화상이 발생하지 않도록 특별히 주의합니다.

6, 7차시는 고체에서 열의 이동을 측정합니다. 6차시에서는 세 가지 모양의 구리판의 한쪽 끝부분을 가열하며 열 변화를 관찰합니다. 이 실험에서 안전사고가 일어날 가능성이 가장 큽니다. 구리판을 직접 초의 불꽃으로 가열하기 때문에 온도가 많이 높아집니다. 이 구리판의 온도를 직접 재어보려고 하면 안 됩니다. 대신 온도에 따라 색깔이 바뀌는 종이를 붙여 온도가 변화한다는 것을 눈으로만 확인할 수 있도록 합니다. 또 하나 주의해야 할 점은 이 실험에 사용되는 구리판이 엄청 날카롭다는 것입니다. 단면에 베이지 않도록 사전에 실험 시 유의사항을 충분히 숙지시키는 것도 잊지 않도록 합니다.

7차시에서는 고체 물질의 종류에 따라 열이 이동하는 빠르기를 비교합니다. 구리판, 유리판, 철판 중 어느 판에서 열이 더 빠르게 전달하는지 확인하는 것입니다. 유리판을 직접 가열하면 깨지기 쉬우니 뜨거운 물로 고체의 온도를 높입니다.

자세한 실험 방법은 다음과 같습니다. 기다란 막대 모양의 구리판, 유리판, 철판의 끝에 버터를 붙이고 각각 비커에 넣습니다. 이후 버터에 물이 닿지 않도록 조심하면서 비커에 같은 온도의 뜨거운 물을 붓고 어디에 붙은 버터가 빨리 녹는지 확인합니다. 얼핏 보면 실험 과정이 단순해 보이나 초등학생 수준에서 통제하기 어려운 변인이 몇 가지 있습니다.

먼저 세 비커에 들어가는 물의 온도가 같아야 합니다. 온도가 다른 물을 붓게 되면 실험 결과가 다르게 발생할 수 있습니다. 꼭 각 비커에 동시에 물을 부어줘야 합니다. 또한 각 막대에 붙은 버터의 크기도 동일해야 합니다. 가장 간과하기 쉬운 부분은 막대에 붙어 있는 버터가 뜨거운 물의 김에 의해 녹지 않도록 비커 입구를 막아 김이 버터에 직접적으로 닿지 않도록 해야 한다는 것입니다. 이 과정은 학생 한두 명이 하기 어려우므로 모둠원이 모두 자신의 역할을 충실히 수행해야 합니다. 잘못하면 뜨거운 물이 책상 위로 엎질러져 큰 사고가 날 수 있습니다. 마지막으로 유리 비커에 뜨거운 물이 들어가면 표면이 일반 컵보다 훨씬 뜨거워지니 손으로 만지지 않도록 주의를 줍니다.

8차시에서는 액체, 9차시는 기체의 열의 이동을 실험합니다. 예전에는 8차시 액체에서 열의 이동 실험은 유리 주전자나 투명한 커피포트를 가열하며 내부에서 물이 어떻게 대류하는지 관찰했습니다. 그런데 알코올램프를 초등학생들이 사용하기에 안전사고가 염려되고 커피포트도 워낙 뜨거워 화상이 걱정됐습니다. 그래서 보다 안전하게 아래와 같이 실험을 바꾸었습니다.

1. 차가운 물이 담긴 수조에 스포이트를 사용하여 파란색 잉크를 수조 바닥에 떨어뜨린다. 이때 잉크가 수조 전체에 퍼지지 않도록 주의하며 스포이트로 수조 바닥에 잉크를 넣는다.
2. 뜨거운 물이 담긴 종이컵을 수조 바닥에 두고 잉크가 퍼지는 모양을 관찰한다. 뜨거운 물에 의해 수조 바닥의 파란색 잉크가 일정한 모양을 그리며 퍼져나가는 것을 볼 수 있다.

이렇게 실험을 바꾸니 잉크의 대류가 직접 가열보다는 덜 일어나더라도 안전하게 실험을 진행할 수 있었습니다.

9차시에서는 기체에서 열의 이동을 확인하는 활동을 합니다. 이 실험도 최근에 알코올램프를 켜고 그 위에서 비눗방울을 부는 활동으로 바뀌었습니다. 알코올램프를 켜면 주위 공기가 데워져 상승기류가 발생합니다. 이때 비눗방울을 불면, 이 상승기류를 타고 비눗방울이 올라갑니다. 이 실험도 다음과 같은 주의사항이 있습니다. 알코올램프의 상승기류가 방해받지 않기 위해서는 주위의 공기 흐름이 거의 없어야 합니다. 학생들이 최대한 움직이지 않아야 합니다. 몇몇 학생만 조심스레 비눗방울을 불어야 합니다. 그렇지 않으면 과학실 책상 위가 축축해지고 학생들도 대류 현상을 관찰하기보다 비눗방울을 부는 활동에만 정신이 팔립니다. 5학년이어도 교실에서 비눗방울을 부는 것은 무척 재미있기 때문입니다. 게다가 비눗방울이 너무 많아지면 뜨거운 공기에 의해 비눗방울이 상승하는 모습을 관찰하기 힘듭니다.

이처럼 온도와 열 단원은 실험에 오류가 발생하기 쉬운 단원입니다. 수업 전에 선생님께서 꼭 사전 실험을 해봐야 성공적인 실험이 이루어질 수 있습니다. 혹시 실험에서 오류가 나왔거나 학생들의 오개념 발생이 우려된다면 재미있는 [Kahoot!] 앱을 이용해 점검해 보는 것은 어떨까요? 대신 [Kahoot!] 앱은 과학실 책상 위를 최대한 정리하고 나서 이용하시는 것을 추천합니다. 책상 위에 수조, 알코올램프, 비눗방울 통 등 실험기구에 더해 스마트기기까지 올라가면 학생들이 집중하기 어렵기 때문입니다.

▶학생들을 교사가 만든 방에 입장시키기 위해 일련번호를 안내하는 모습

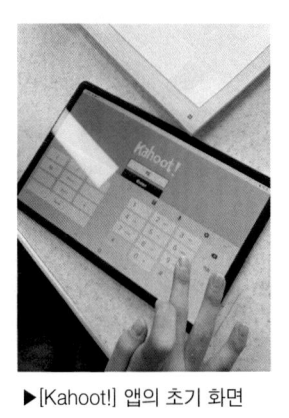

▶[Kahoot!] 앱의 초기 화면

▶교사가 제시한 문제의 답을 사지선다 중에 고르는 모습

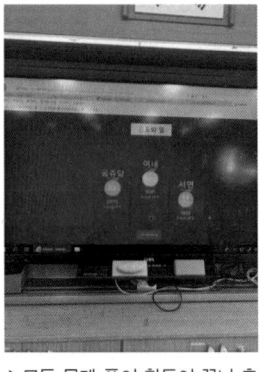

▶모든 문제 풀이 활동이 끝난 후 고득점 학생의 순위를 나타낸 모습

[교사용]

01. [Kahoot!] 앱을 설치한 뒤 실행하면 첫 화면이 나옵니다. 하단의 **'Next'** 버튼을 눌러 다음으로 진행합니다.

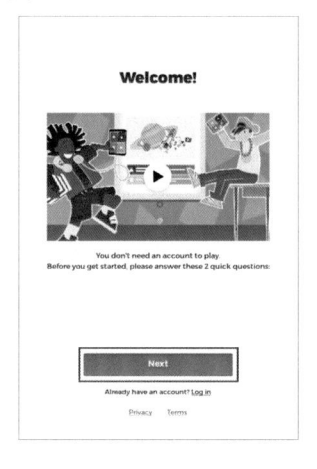

02. 사용 주체가 누구인지 질문합니다. 해당하는 항목(교사-As a teacher)을 누릅니다.

03. 교사의 경우 어떤 학교급인지를 선택합니다.

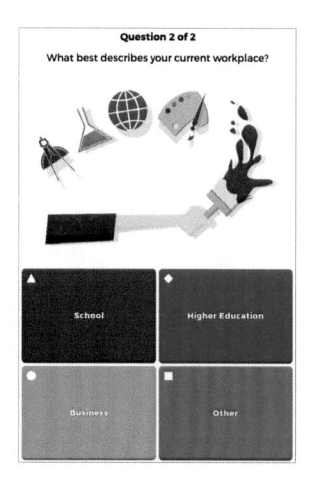

04. 계정이 없는 경우 **'Sign up'** 버튼을 눌러 계정을 생성합니다. 계정이 있는 경우 **'Log in'** 버튼을 눌러 로그인합니다.

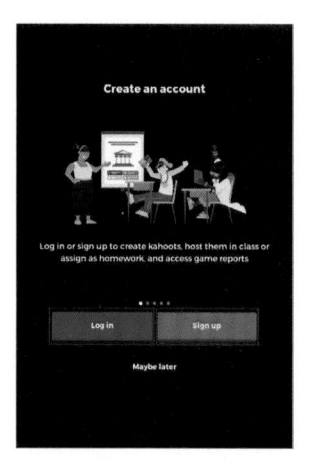

05. 'Sign up'을 눌렀을 경우 e-mail 주소로 쉽게 계정을 만들 수 있습니다.

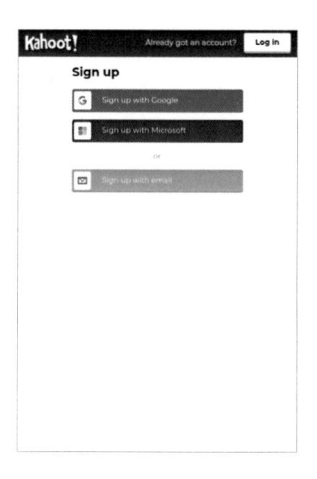

06. [Kahoot!]의 메인화면에 접속됐습니다. 상단의 **'Create Kahoot'** 버튼을 눌러 문제를 만들 수 있습니다.

07. 항목에 맞춰 입력해 문제를 만들어봅니다. **'Add question'** 버튼을 눌러 문제를 만듭니다. 최소 5문제 이상을 만들어야 활동을 진행할 수 있습니다.

08. 문제를 만들 때 원하는 문제의 유형을 선택합니다. 무료로 제작할 수 있는 문제 유형은 퀴즈(객관식)와 OX 유형입니다.

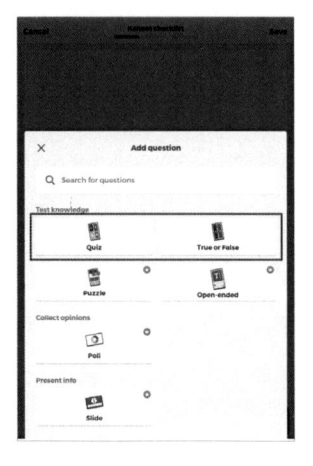

09. **'Quiz'** 버튼을 눌러 퀴즈 형태의 문제를 제작해보겠습니다. 최소 2가지에서 최대 4가지까지 선택지를 넣을 수 있습니다.

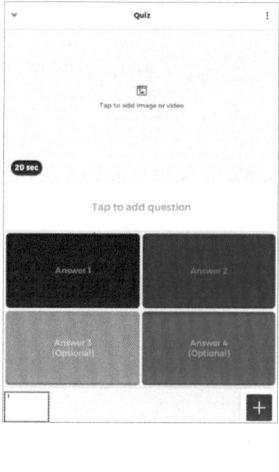

10. 각 선택지를 눌러서 내용을 입력할 수 있습니다.

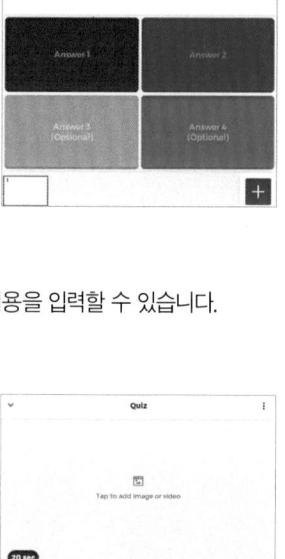

11. 정답인 선택지를 누른 다음 오른쪽에 있는 **체크 버튼**을 눌러 정답을 표시합니다.

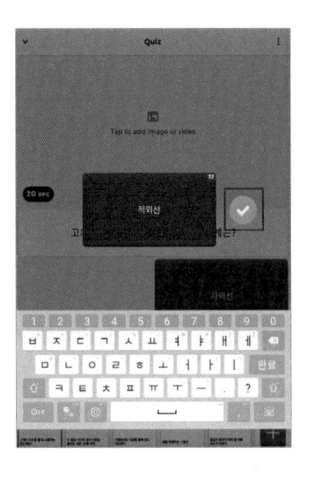

12. 정답을 맞힐 시간을 입력하기 위해 왼쪽에 있는 **타이머버튼(20 sec)**을 눌러 시간
    을 설정합니다.

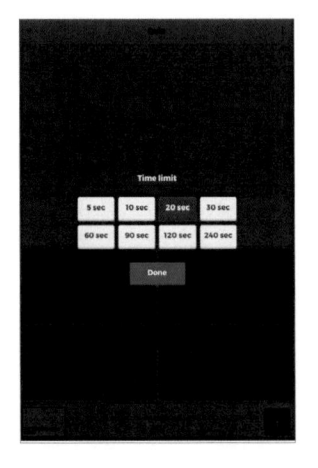

13. 같은 방식으로 최소 5문제 이상을 만듭니다. 문제를 모두 만든 후에는 오른쪽 하단의 'Play' 버튼을 눌러 활동을 시작할 수 있습니다.

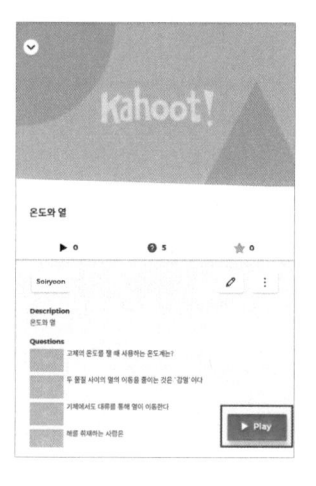

14. 학생들이 실시간으로 문제를 풀게 하도록 'Host Live' 버튼을 누릅니다.

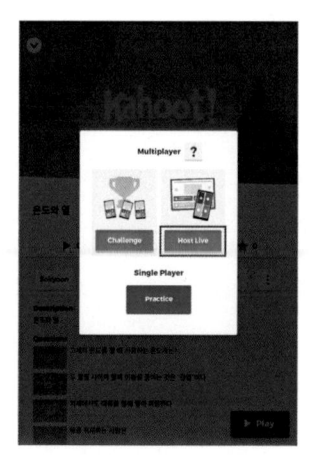

15. 학생 개개인이 스마트기기를 가진 경우에는 **'Classic'** 모드를, 여러 학생이 한 기기로 플레이하는 경우에는 **'Team mode'**를 누르고 게임 옵션을 선택합니다.

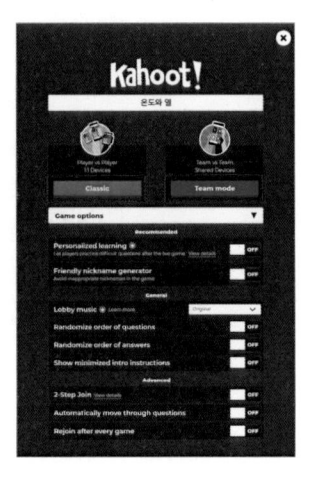

16. 학생들은 로그인 없이 상단의 Game PIN 번호로 활동에 참여할 수 있습니다. 참가자의 이름과 인원수를 화면 중앙에서 확인할 수 있습니다.

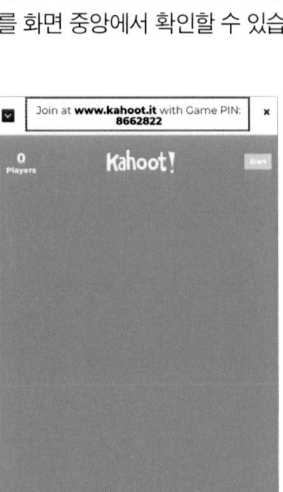

〈교사 화면〉

17. 학생들이 모두 접속한 뒤 교사가 **'Start'** 버튼을 누르면 만든 문제가 순서대로 재생됩니다.

18. 참여자 모두가 답을 고르거나 제한 시간이 지나면 답변 현황이 그래프로 표시됩니다. **'Next'** 버튼을 누르면 다음 문제로 넘어갑니다.

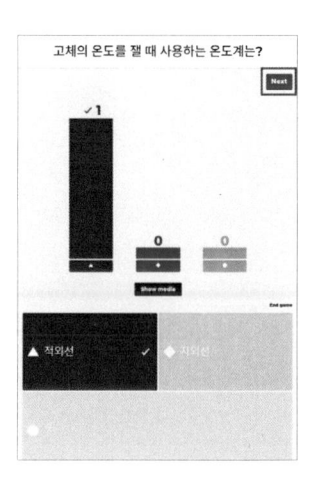

19. 문제를 뛰어넘고 싶으면 오른쪽 상단의 **'Skip'** 버튼을 누릅니다.

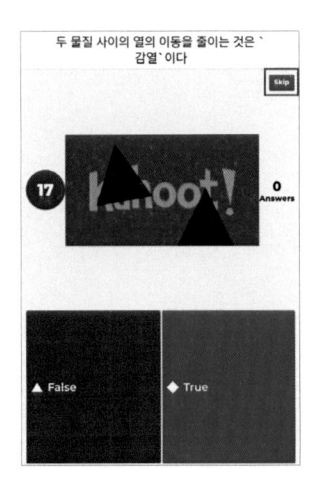

20. 활동 사이사이 실시간 점수 현황을 확인할 수 있습니다. 활동이 모두 끝난 뒤에는 맞힌 문제수와 순위를 확인할 수 있습니다.

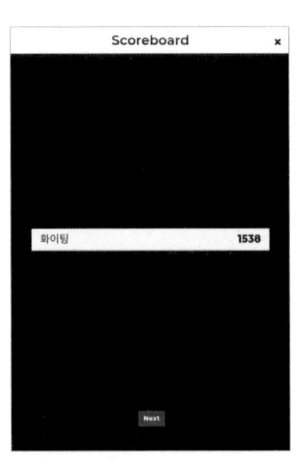

[학생용]

01. Kahoot 앱에 접속해서 메인화면 아래에 있는 **'Enter PIN'**을 누릅니다.

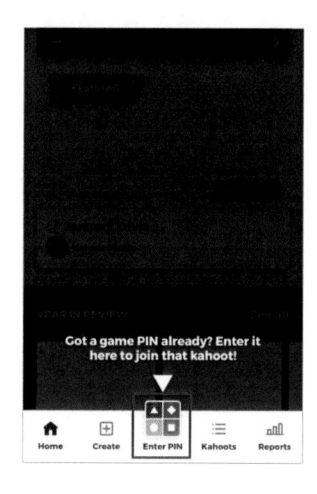

02. 문제에 접속할 수 있는 번호를 Game PIN에 입력하고 **'Enter'** 버튼을 눌러 접속
합니다.

03. 원하는 이름(닉네임)을 입력하고 **'OK, go!'** 버튼을 누릅니다.

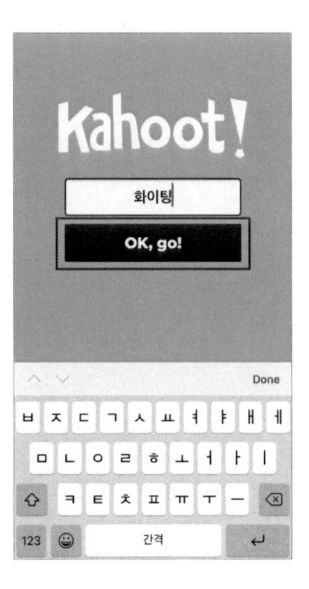

04. 접속한 뒤에 게임이 시작될 때까지 기다립니다.

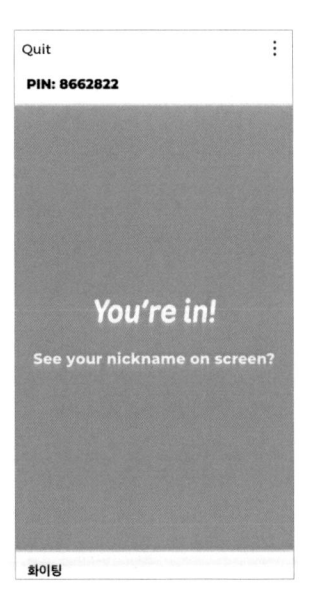

05. 게임 진행자(교사)가 **'Start'** 버튼을 누르면 게임이 시작됩니다.

06. 게임 진행자(교사)가 보여주는 화면을 보고 해당하는 선택지에 맞는 문양을 눌러 문제를 풉니다.

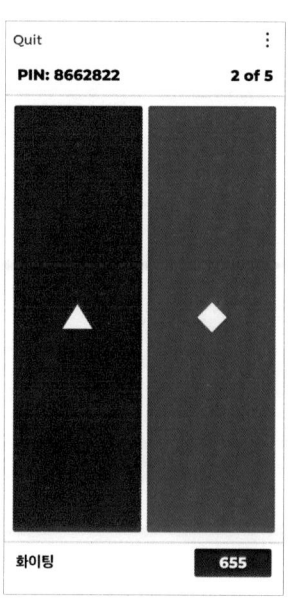

07. 정답을 맞혔는지 틀렸는지 바로 알 수 있습니다. 나의 점수와 등수도 사이사이 확
　　인할 수 있습니다.

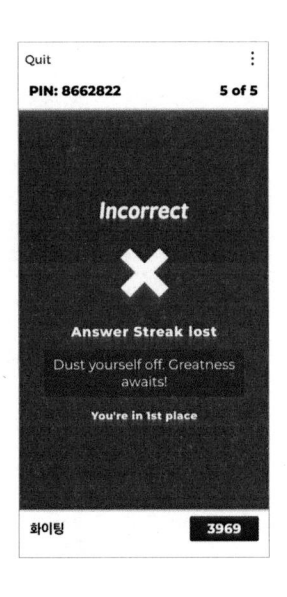

08. 문제 풀이가 모두 끝난 뒤 나의 최종 등수를 확인할 수 있습니다.

물체의 운동

	사용 앱	[물체의 속력]	QR코드
LG 사이언스랜드	기능	모의실험부터 과학퀴즈까지 다양한 과학 관련 콘텐츠 이용 가능	
	지원 OS	웹사이트	
	개발	LG사이언스랜드	

성취기준

[6과07-01] 일상생활에서 물체의 운동을 관찰해 속력을 정성적으로 비교할 수 있다.

[6과07-02] 물체의 이동 거리와 걸린 시간을 조사해 속력을 구할 수 있다.

[6과07-03] 일상생활에서 속력과 관련된 안전 사항과 안전장치의 예를 찾아 발표할 수 있다.

차시 안내

[1차시] 바람으로 움직이는 종이 자동차 경주하기

[2차시] 물체의 운동 나타내기

[3차시] 여러 가지 물체의 운동 비교하기

[4차시] 일정한 거리를 이동한 물체의 빠르기 비교하기

[5차시] 일정한 시간 동안 이동한 물체의 빠르기 비교하기

[6차시] 속력의 뜻과 속력 구하는 방법 알기

[7~8차시] 속력과 관련된 안전장치와 안전수칙 알기

[9~10차시] 스마트기기를 활용한 학교 안내지도 만들기

[11차시] 물체의 운동 정리하기

 **차시 활동**

학창 시절 '물리' 과목을 좋아하셨나요? 제 기억에 물리 시간은 졸리고 어려운 시간이었습니다. '이러면 안 되지!' 하며 마음을 다잡고 수업 시작할 때는 정신을 바짝 차리고 들었으나 잠시라도 다른 생각을 하거나 졸기라도 하면 선생님께서 하시는 말씀이 도통 무슨 말인지 이해하지 못해 절망했습니다. 어떻게든 공식은 외웠지만, 시험이라도 보면 실제 문제에 어떻게 적용할지 몰라 풀지 못했습니다. 그러다 보니 자연스레 물리에 대한 흥미도 떨어지고, 물리는 어렵다는 생각만 하게 된 것 같습니다. 지금 생각해보면 사실 물리는 어려운 공식을 배우는 과목이 아닌데 말입니다.

사실 물리는 우리 실생활과 가까운 과목입니다. 주위만 둘러봐도 다양한 물리 법칙이 숨어 있습니다. 생물이나 지구과학처럼 직접 눈에 보이지 않아 알아차리기 어려울 뿐, 물리법칙은 여러 곳에 내재해 있습니다. 예를 들어 뉴턴의 '만유인력의 법칙'도 사과가 떨어지는 것에서 아이디어를 얻어 발견됐고, '유레카'라는 말도 아르키메데스가 물체의 밀도를 측정하는 방법을 고민하다가 목욕탕에서 아이디어를 얻으면서 유명해졌습니다. 5학년 2학기 4단원 물체의 운동도 학생들의 일상생활과 관련된 문제로 구성돼 있습니다. 일상생활 중에 사용되는 속도, 시간, 거리의 개념을 활용한 내용입니다. 교과서도 우리 주위에서 늘 이용되는 속력에 관한 내용으로 구성되어 있습니다.

한 예로 4차시에서는 물체의 속력을 재는 활동을 위해 달리기를 합니다. 달리기는 주변에서 쉽게 볼 수 있는 속력을 비교하는 활동 입니다. 특히 학생들 사이에서는 달리기가 빠른지 느린지가 인기에 영향을 끼쳐서 그런지 무엇이 더 빠른지도 항상 궁금해합니다. 예를 들어 자동차, 비행기, 기차 중에 어느 것이 가장 빠를까?, 사자나 호랑이는 둘 중에서는 누가 더 빠를까? 등을 궁금해합니다. 이런 물체 간의 속력을 비교하는 활동은 6차시에 제시됩니다. '물체의 운동' 단원은 생각보다 흥미롭고 재미있게 다뤄질 만한 요소가 있습니다. 하지만 학생 개개인의 학습능력에 따라 무척 어려워하기도 합니다. 속력을 계산하는 문제는 과학뿐만 아니라 영어, 수학 과목에 결손이 있는 경우 무척 어려워합니다.

이 단원은 어떤 흐름으로 학습이 이루어질까요? 먼저 2차시는 '운동'에 대해서 배웁니다. 이전까지는 운동이라고 하면 체육 시간에 하는 축구나 달리기, 체조 같은 종목을 운동이라고만 알았겠지만, 과학 시간에는 종목이 아닌 과학적으로 운동이 무엇을 의미하는지 깨우쳐주는 것이 중요합니다. 다만 "운동은 ~이다."라는 식으로 설명하면 실생활에서 그 예를 찾기 어려워할 수 있습니다. 그래서 교과서에서는 운동을 아래와 같이 제시합니다.

- 운동하는 물체는 시간이 지남에 따라 물체의 위치가 변하는 물체
- 운동하지 않는 물체는 시간이 지남에 따라 물체의 위치가 변하지 않는 물체

이런 식으로 학생들이 운동이라는 추상적인 개념을 구체적인 물체가 시간이 걸려 이동하는 것으로 이해하도록 했습니다. 구체적인 물체의 이동으로 운동을 공부하니 더욱더 쉽게 이해할 뿐만 아니라 일상생활에서 운동이 일어나는 상황을 찾기도 쉬웠습니다.

학생들은 움직이면 운동하는 물체, 움직이지 않으면 운동하지 않는 물체로 이해하고, 배울 내용을 쉽게 인식했습니다. 주위에서 운동하는 물체들을 구분하면 3차시에 운동하는 물체들의 빠르기도 비교할 수 있습니다. 단순히 빠르고 느린 물체를 찾아보기도 하고, 점점 속도가 빨라지는 물체, 속도가 일정한 물체들을 찾아봅니다. 즉, 등속운동을 하는 물체와 그렇지 못한 물체를 구분하는 것입니다. 초등학교 수준상 '등속운동'이라는 용어는 쓰지 않지만 말입니다.

빠르기가 변하는 물체는 쉽게 찾을 수 있습니다. 예를 들어 자동차, 비행기, 컬링스톤 같은 것들은 빠르기가 변하는 물체입니다. 그런데 빠르기가 일정한 물체 찾기는 어려워합니다. 주위에 그런 물체가 별로 없다고 생각합니다. 그럴 때는 에스컬레이터, 케이블카 같은 예시를 줍니다. 가끔 창의력이 뛰어난 몇몇 학생은 "케이블카가 목적지에 도착하면 느려지지 않아요?" 같은 질문도 합니다. 이럴 때를 대비해 "위쪽 승강장과 아래쪽 승강장 사이를 이동하는 동안 빠르기가 일정한 운동을 한다."라는 식으로 구체적 영역을 넣어 설명해주도록 합니다. "특정 물체는 빠르기가 변한다.", 또는 "무조건 빠르기가 일정하다."라는 식의 제한된 생각이 주입되지 않도록 해야 합니다.

4, 5차시부터 속력과 시간, 거리 사이의 관계를 탐구합니다. 학생들이 최대한 친근감을 느끼도록 실생활과 관련된 내용으로 수업합니다. 4차시는 속력과 거리의 관계를 알아보는데 '속력'이라는 말이 어려울 수 있으니 '빠르기'라는 표현으로 쉽게 이해할 수 있게 합니다. 속력과 거리의 관계를 알기 위해서는 달리기 활동을 하는 것이 좋습니다. 달리기는 실내에서 할 수 없으니 운동장으로 나가야 합니다. 그럼 학생들은 마치 과학 시간이 체육 시간이 된 양 아주 즐거워합니다. 이렇게 즐거워하는 학생들을 데리고 달리기 기록만 재고 다시 교실로 들어와서 과학 수업을 하기란 거의 불가능합니다. 교육과정에서는 한 차시뿐이지만 두 차시로 늘려 달리기뿐만 아니라 뒤로 걷기, 빠르게 걷기 등 다양한 종목의 기록을 추가하고, 두 번째 차시에서는 이 기록으로 수업하는 것도 추천합니다. 체육 시간에 달리기 기록을 측정해놓는 것도 좋은 방법입니다. 측정한 기록을 바탕으로 "50m 달리기를 하면 누가 가장 빠를까요?" 질문하면 모두가 일찍 들어온 친구가 빠르다고 대답합니다.

> 수빈이는 50m를 11초에 들어왔습니다.
> 동훈이는 50m를 10초에 들어왔습니다.
> 누가 더 빠른가요?

이렇게 질문하면 학생들은 어려움 없이 동훈이가 더 빠르다고 답합니다. 달리기뿐만 아니라 수영, 스피드스케이팅 같은 운동 경기를 예시로 들어줘도 쉽게 답합니다. 굳이 과학 시간에 배우지 않더라도 이렇게 대답할 것입니다.

수업 중 유의할 점은 "시간이 적게 걸린 사람이 더 빠르다."에서 끝나지 않아야 한다는 것입니다. "일정한 거리를 이동하는 데 걸리는 시간이 적을수록 빠르고, 시간이 오래 걸릴수록 느리다." 하는 것을 알아야 합니다. 시간과 거리의 관계에 따라 빠르기가 달라질 수 있다는 것을 깨우쳐주는 것입니다.

5차시에서는 일정 시간 동안 이동한 물체의 빠르기를 비교합니다. 시간을 고정해두고 물체를 이동 시켜 어느 물체가 더 멀리 갔는지 확인합니다.

> 한 시간 동안 자동차는 100㎞를 이동했습니다.
> 한 시간 동안 기차는 250㎞를 이동했습니다.
> 어느 교통수단이 더 빠른가요?

대부분의 학생들은 이 물음에 기차가 더 빠르다고 쉽게 답합니다. 같은 시간 동안 멀리 이동한 물체가 더 빠르다고 아는 것입니다. 이때도 "같은 시간 동안 이동한 거리가 멀면 더 빠르다."와 같이 속력, 시간, 거리 사이의 관계를 생각할 수 있어야 합니다. 속력, 시간, 거리의 관계를 이해하지 못하면 6차시에 나오는 속력 계산 문제를 많이 어려워합니다.

6차시에서는 속력을 구하는 공식을 이용해 각 물체의 빠르기를 구하도록 합니다. 이제껏 어느 물체가 더 빠르고 느리고를 곧잘 대답했던 학생들이 어려워하기 시작합니다. 속력을 구하는 공식은 다음과 같습니다.

(속력) = (이동 거리) ÷ (걸린 시간)

이 공식을 이해하기 위해서는 속력이 무엇인지를 명확히 알도록 하는 게 급선무입니다. 속력을 그냥 빠르기로 알던 것을 이제는 과학적으로 알도록 합니다. 속력은 1초, 1분, 1시간과 같은 단위시간 동안 이동한 거리입니다. 속력의 뜻을 설명하는 순간부터 이해하지 못하는 학생들이 점점 생기기 시작합니다. 학생들이 속력을 계산하는 차시를 어려워하는 이유는 여러 가지겠지만 대표적인 경우는 다음과 같습니다.

첫째, 단위시간이라는 말을 이해하지 못한다.
둘째, (속력)=(이동거리)/(걸린시간) 공식을 이해하지 못한다.
셋째, km/h, m/s의 쓰임새 차이를 알지 못한다.
넷째, h(hour)가 시간, m(minute)이 분, s(second)가 초라는 것을 이해하지
　　　못한다.
다섯째, 180km/3h = 60km/h를 계산하지 못한다.

이 외에도 여러 가지 이유로 학생들은 속력을 구하는 공식을 잘 활용하지 못합니다. 먼저 '단위시간'이라는 단어를 생소해 합니다. 단위시간은 최소한의 시간 단위라는 것을 이해시키는 데 충분한

설명이 필요합니다. 단위시간이라는 단어를 모르면 후에 배우는 내용도 이해하지 못하기 때문입니다. "단위는 1을 뜻한다.", "시간은 초, 분, 시간을 말한다."와 같이 시간을 더 들이더라도 충분한 설명이 이루어져야 합니다.

공식이 왜 이렇게 만들어지는지 이해하지 못하는 것 또한 단위시간을 잘 이해하지 못해 생기는 어려움입니다. 단위시간의 의미를 알고, 속력은 해당 단위시간당 얼마만큼 이동했는지를 나타낸다는 것을 알도록 합니다.

km/h와 m/s를 구분하지 못할 때는 실생활과 관련된 내용을 제시했습니다. 이 어려움은 학생들이 km와 m의 차이를 잘 인지하지 못해 생기는 경우가 많았습니다. 특히 km는 한눈에 볼 수 있는 거리가 아니기 때문에 더 와 닿지 않는 것입니다. 이럴 때는 집에서 학교까지 올 때의 거리를 떠올리게 하거나 운동장 몇 바퀴라는 식으로 학생들이 실생활에서 느낄 수 있는 거리감을 제시합니다.

학생들이 h(hour), m(minute), s(second)를 모를 때는 아침 활동 시간이나 영어 시간에 미리 공부해놓습니다. 과학 시간에 "h가 hour의 줄임말이니까 시간을 뜻하는 거야.", "m은 minute의 줄임말이라 분을 뜻하는 거야." 하는 식으로 하나하나 배울 수도 있겠지만 과학 시간은 영어 시간이 아닙니다. 하나하나 알아가면서 설명하면 좋겠지만 시간이 너무 오래 걸릴 뿐만 아니라 수업의 연속성에도 좋지 않습니다. 그래서 단위를 이해하기 위한 영어 단어 정도는 다른 시간에 미리 학습해놓는 것이 좋습니다. 영어를 어려워하는 학생들이 생각보다 많고 기초적인 읽기, 쓰기도 안 되는 경우가 많기 때문입니다.

5학년 1학기에 배우는 통분이나 분수 부분에 능숙하지 않아 주어진 시간을 단위시간으로 고치지 못합니다. 180㎞/3h와 60㎞/h가 같은 의미라는 것을 모르는 것이죠. 통분은 특히 학생들이 어려워하는 부분이므로 기초 계산이 가능하게끔 해줘야 합니다.

위에서 예시로 든 어려움을 보면 학습에 결손이 있는 학생들이 특별히 더 어려워하는 차시라는 것을 알 수 있습니다. hour, minute, second 같은 영어도 알아야 하고, 분수의 계산 방법이나 통분도 알아야 하기 때문입니다. 이 단원은 기본적으로 속력, 시간, 거리와의 관계를 잘 이해해야 합니다. 시간이 지날수록 이 관계를 헷갈리는 학생들도 생깁니다.

6차시의 내용은 학생들이 어려워하기 때문에 꾸준한 추가 지도가 필요합니다. 제대로 알기 위해 학생들이 그저 교과서 내용만으로 복습하기보다는 다양한 자료를 경험하는 것이 더 도움이 될 것 같았습니다. 그러던 중 교과서 내용을 보충, 심화하기에 적합한 [LG 사이언스랜드-물체의 속력] 사이트를 이용하기로 했습니다. 이 사이트는 단원 내용을 정리하거나 복습 또는 심화 내용을 제시하는 데 도움이 됩니다. 잘 이해되지 않는 내용은 가상실험을 보면서 물체의 속력에 대해 더 탐구해보는 것입니다. 물체의 속력 실험 페이지에는 아래와 같은 네 가지 실험이 있습니다.

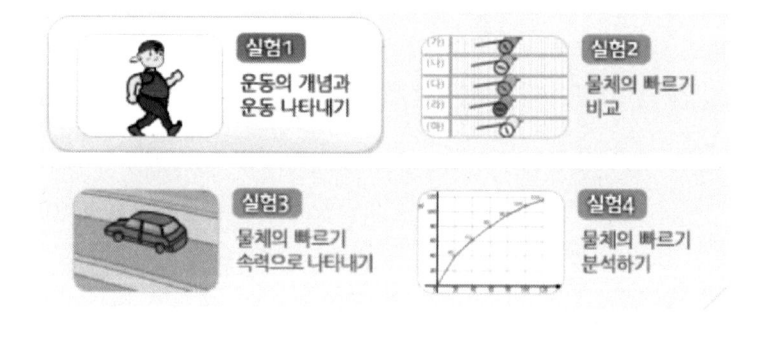

[실험1]의 경우 2차시와 관련해 학생들이 궁금해하는 운동의 개념과 과학 용어로서의 '운동'을 알아보는 활동을 할 수 있습니다.

[실험2]의 경우 4, 5차시와 관련해 같은 거리를 이동할 때의 빠르기 비교, 같은 시간 동안 이동할 때의 빠르기 비교를 학습합니다. 가상실험 플래시를 보며 물체의 빠르기를 확인합니다. 거리와 시간에 따른 빠르기를 비교해보고, 실험 결과가 정리된 표를 보며 배운 내용을 점검할 수 있습니다. 학생들은 일정 거리를 더 짧은 시간에 이동하거나 같은 시간 동안 더 멀리 간 경우를 "더 빠르다."라고 한다는 것을 한 번 더 확인합니다.

[실험3]은 해당 단원에서 학생들이 유독 어려워하는 다양한 물체의 속력을 비교하는 내용입니다. 교과서에서는 ㎞/h를 이용한 속력의 비교가 주로 나오지만 [LG사이언스랜드-물체의 속력]에서는 m/s를 이용해 속력을 비교하는 한층 심화된 내용도 다룹니다. 학생들의 수준에 따라 교사가 선별적으로 제시해야 합니다.

[실험4]에서는 고무 동력 수레를 보며 시간에 따른 물체의 빠르기 변화를 그래프로 그리는 활동이 나옵니다. 이 내용은 물체의 운동

단원의 수준을 벗어나는 내용이므로 생략하거나 단순 속력 계산 활동으로 바꿔 제시합니다.

우리는 일상적으로 운동, 속력, 속도 같은 용어를 많이 사용합니다. 그리고 이런 과학적 개념은 학생들이 관심을 가질 만한 내용이라 학생들의 학습 동기 유발에 유용합니다. 다만 걱정되는 것은 물리적 계산이 처음 도입돼 아이들이 어려워한다는 점입니다. 속력을 계산하는 6차시에서 가능한 실생활 관련 문제를 경험하도록 해 계산하는데 스트레스가 적도록 합니다. 또한, 속력과 시간, 이동거리 간의 관계를 알 수 있도록 [LG사이언스랜드-물체의 속력]으로 스스로 배운 내용을 정리할 기회를 제공하는 식으로 다양한 문제를 접하도록 합니다. 이 단원은 개념, 활용 면에서 학생들이 특히나 어려워할 수 있는 단원이므로 선생님들께서도 사전에 충분히 계획해 학생의 수준에 따라 수업 내용을 구성해나가길 바랍니다.

▶물체의 빠르기와 관련된 과학 지식을 앱으로 확인하는 모습

01. [LG사이언스랜드] http://www.lgsl.kr에 접속합니다.

02. 왼쪽 상단의 메뉴를 통해 전체 메뉴를 띄웁니다. 여러 메뉴 중 **과학사진실**을 누릅니다.

03. 과학실험실에서 '물체의 속력'을 검색합니다. **'물체의 속력'**을 눌러 과학실험실에 들어갑니다.

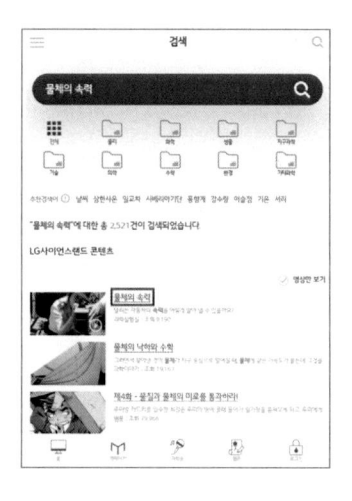

04. 화면 중앙의 **'실험 보기'**를 눌러서 물체의 속력과 관련된 실험을 볼 수 있습니다.

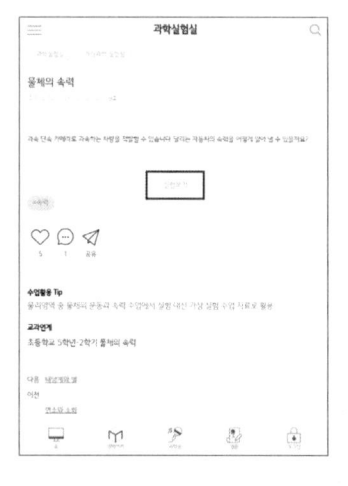

05. 상단의 메뉴 중 **'가상실험'**을 눌러 물체의 속력과 관련된 실험을 관찰할 수 있습니다.

06. 아래의 실험 네 가지 중에서 원하는 실험을 선택하고 관찰할 수 있습니다.

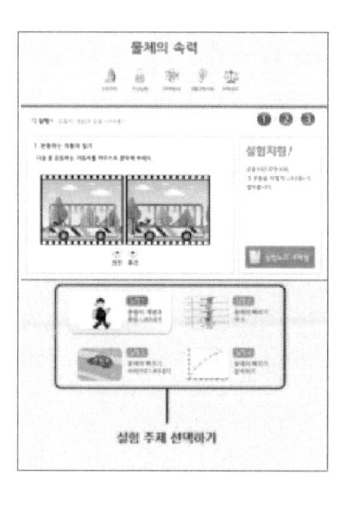

07. 실험에서 여러 버튼을 눌러 실행해보고, 실험의 결과를 생각해볼 수 있습니다.

08. **'실험노트-X파일'** 버튼으로 실험으로 얻을 수 있는 결과를 볼 수 있습니다.

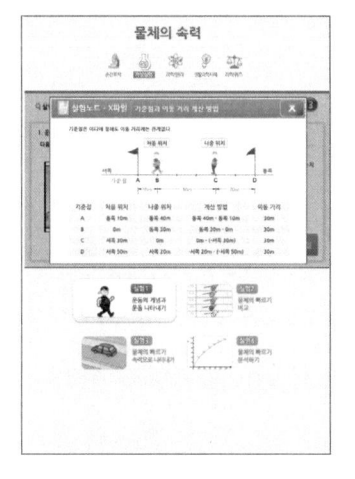

09. **오른쪽의 숫자**를 눌러 같은 주제의 여러 실험을 관찰할 수 있습니다.

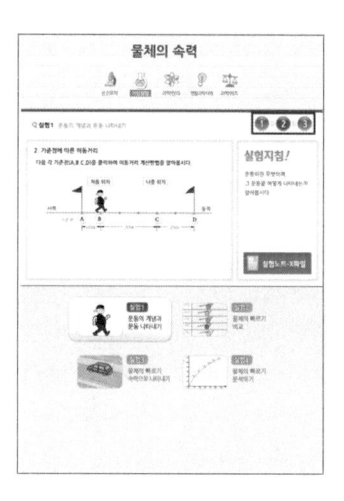

10. 아래에서 다른 주제의 실험을 선택해서 관찰할 수도 있습니다.

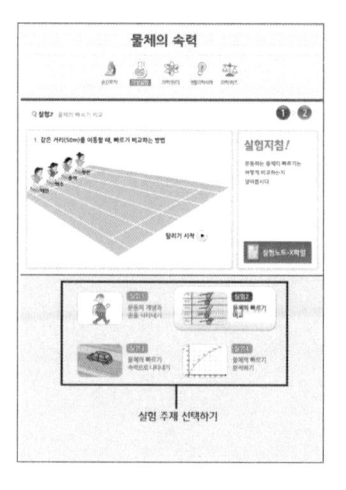

11. 상단의 메뉴 중 **'과학원리'**를 눌러 주제와 관련된 여러 개념을 알 수 있습니다.

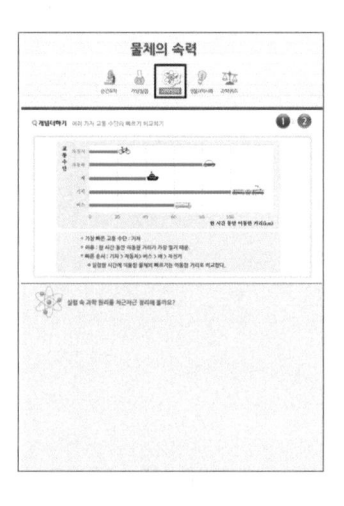

12. **오른쪽의 숫자**를 눌러 과학원리의 다른 내용을 정리해볼 수 있습니다.

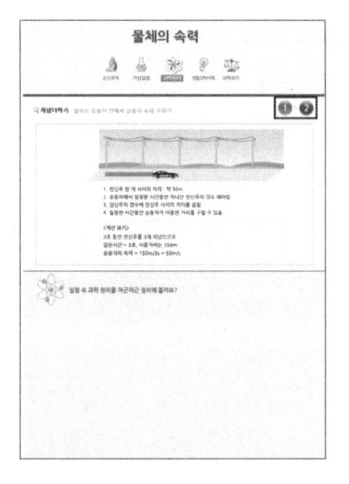

13. 상단의 메뉴 중 **'생활과학사례'**를 눌러 주제와 관련된 생활 속 사례를 알 수 있습니다.

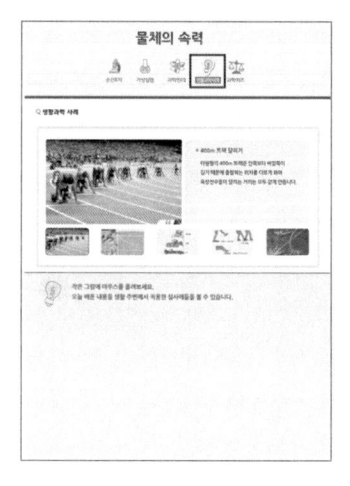

14. 상단의 메뉴 중 **'과학퀴즈'**를 눌러 주제와 관련된 문제를 풀어보면서 잘 이해했는지 점검해볼 수 있습니다.

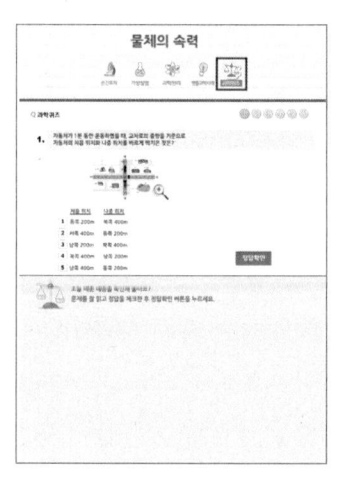

빛과 렌즈

	사용 앱	[빛 가상실험실2]	QR코드
	기능	빛과 관련된 다양한 가상실험을 할 수 있으며 정보의 표시로 실험을 쉽게 이해할 수 있음	
	지원 OS	안드로이드	
	개발	sciencelove	

성취기준

[6과11-01] 햇빛이 프리즘에서 다양한 색으로 나타나는 현상을 관찰해 햇빛이 여러 가지 색의 빛으로 돼 있음을 설명할 수 있다.

[6과11-02] 빛이 유리나 물, 볼록렌즈를 통과하면서 굴절되는 현상을 관찰하고 관찰한 내용을 그림으로 표현할 수 있다.

[6과11-03] 볼록렌즈로 물체의 모습을 관찰하고 볼록렌즈의 쓰임새를 조사할 수 있다.

 **차시 안내**

[1차시] 빛과 렌즈로 놀이하기

[2차시] 프리즘을 통과한 햇빛 관찰하기

[3차시] 공기와 물의 경계에서 빛이 나아가는 모습 관찰하기

[4차시] 물속에 있는 물체 모습 관찰하기

[5차시] 볼록렌즈의 특징 관찰하기

[6차시] 볼록렌즈를 통과한 햇빛 관찰하기

[7차시] 간이 사진기 만들어 물체 관찰하기

[8차시] 우리 생활에서 사용되는 볼록렌즈 찾아보기

[9~10차시] 우리가 찾은 볼록 렌즈로 세상 보기

[11차시] 빛과 렌즈 정리하기

 **차시 활동**

"우와! 선생님 진짜 종이에 불이 붙었어요!"

"어디, 어디? 나도 해볼래."

다들 어릴 때 불장난 하지 말라는 얘기를 많이 들어봤을 것입니다. 불장난하면 밤에 실례한다는 얘기도 들었을 것입니다. 그런데 만일 과학 시간에 종이를 태우는 실험을 한다면 어떨까요? 6학년 1학기의 마지막 단원인 빛과 렌즈 단원에서는 빛의 굴절을 이용하며 실제 종이를 태우는 시간을 가집니다. 볼록렌즈를 관찰하고 볼록렌즈를 활용한 간이 사진기를 만드는 활동도 합니다.

교육과정 개정 전에는 이 단원에서 볼록렌즈와 오목렌즈를 함께 배웠습니다. 특히 볼록렌즈와 오목렌즈의 굴절 현상을 묻는 문제는 늘 출제되는 단골 문제였습니다. 출제가 많이 된다는 것은 중요한 개념이지만 학생들이 많이 헷갈려 한다는 뜻입니다. 교과 과정이 개정되면서 학생들이 특히 이해하기 어려워하던 오목렌즈에 관한 부분이 빠져서 현재 교육과정상 6학년은 볼록렌즈에 대해서만 배웁니다.

4학년 2학기 '그림자와 거울' 단원에서도 말씀드렸던 것처럼 '빛'은 학생들이 직접 관찰하기 어려운 대상 중 하나입니다. 우리 주위에 늘 존재하지만 만질 수 없습니다. 이 때문인지 학생들은 빛을 관찰하고 정선된 실험을 해도 명확한 개념을 갖추기 힘들어합니다. 이

때는 [빛 가상실험실2]로 보다 정선된 이해를 도왔습니다.

2차시의 '프리즘을 통과한 햇빛 관찰하기'를 예로 들어보겠습니다. 프리즘을 통과한 빛은 하얀 도화지에 여러 빛깔로 나타납니다. 햇빛을 프리즘에 비추기 위해서는 운동장으로 나가야 합니다. 처음에는 학생들과 운동장으로 나가야 한다는 부담감에 교실에 들어오는 빛을 프리즘에 통과 시켜 관찰하려 했지만, 오후가 될수록 태양의 남중고도가 높아져 교실 안까지 충분한 빛이 들어오지 않았습니다. 특정 교실, 과학실은 온종일 햇빛이 들어오지 않아 아예 활동할 수 없었습니다. 결국 올바른 실험 결과를 위해서는 학생들과 운동장에 나가야 했습니다. 당연히 운동장에서 주의해야 할 사항을 사전에 충분히 전달해야 합니다.

1학기 마지막 단원이다 보니 가끔 장마 기간과 겹쳐 활동이 미뤄지는 일도 있습니다. 해가 거의 일주일 동안 나지 않으면 프리즘에 통과시킬 빛이 부족하기 때문입니다. 이때 [빛 가상실험실2] 앱으로 프리즘을 통과한 빛을 관찰할 수 있습니다. 비록 가상이고 그림이지만, 이 앱을 통해 빛의 직진, 굴절에 대한 이론을 도식화된 형태로 학습할 수 있습니다. 도식화된 형태의 개념은 명확하고 쉽게 이해돼 다양한 상황에서 적용 가능합니다. 실험 결과 동영상을 시청하며 개념을 학습할 수도 있습니다.

이 앱의 가장 큰 장점은 학생들의 주도적인 학습이 가능하다는 것입니다. 일반적인 교육용 실험 동영상은 실험 과정, 결과 확인, 결과 정리에만 초점을 맞춰 학생들의 다양한 사고를 유발하기 힘듭니다. 하지만 앱으로 학습하면 빛의 색을 백색, 청색, 적색으로 바꿀 수 있고 프리즘의 유무도 설정할 수 있습니다. 학생들이 실험 조건을 변경, 수정하며 실험 조건과 결과 사이의 인과 관계를 파악하는 능력도 기를 수 있습니다. 실험이 어려운 경우 외에도 탐구 전에 [빛 가상실험실2] 앱을 조작하며 모의실험을 해보면 오류를 줄일 수 있습니다. 탐구 후에는 [빛 가상실험실2] 앱으로 관찰 결과를 다시 한번 확인하며 복습할 수도 있습니다.

[빛 가상실험실2] 앱은 3, 4차시에서도 활용할 수 있습니다. 3, 4차시는 물에서 빛이 통과할 때 굴절되는 현상을 관찰하는 차시입니다. 3차시에서는 레이저 포인터를 사용해 물의 경계에서 빛이 나아가는 것을 관찰하는 실험을 합니다. 4학년 때는 사용하지 않았던 레이저 포인터를 이용하는 것입니다. 6학년이어도 레이저 포인터로 장난치는 학생들이 있습니다. 4학년 때보다 호기심이 많아져서 오히려 장난치는 학생이 더 많을 수 있습니다. 반드시 레이저 포인터와 관련된 안전 주의사항을 전달해서 레이저 빛이 학생들의 눈에 직접 닿지 않도록 해야 합니다.

물에서 빛이 굴절되는 현상을 관찰하기 때문에 수조 이용도 주의를 줘야 합니다. 수조 밑에서 레이저 포인터를 비추어 관찰하는 실험이 있습니다. 수조 밑에서 레이저를 쏘기 위해 책상 바깥쪽으로 수조를 2~3㎝를 빼야 합니다. 자칫 잘못하면 수조가 엎어질 수 있으니 절대 수조를 많이 빼지 않고 조금만 빼서 관찰하도록 합니다.

4차시 '물속에 있는 물체 관찰하기'에서는 빛의 굴절로 인해 물속의 물체가 다르게 보이는 현상을 관찰합니다. 간편하게 물이 든 컵에 젓가락, 동전을 넣어 확인해볼 수도 있고, 여름날 계곡에 발을 담가본 기억 등을 떠올릴 수도 있습니다. 학생들은 경험을 통해 물속의 물체들이 바깥에 있을 때와 다르게 보인다는 것은 알아도, 왜 그렇게 보이는지 설명하는 것은 어려워했습니다. 아마 빛의 굴절에 대해 완벽히 알지 못하기 때문일 것입니다.

학생들이 빛의 굴절과 관련된 현상을 쉽게 경험해보고 확인하기 위해 [빛 가상실험실2] '빛의 굴절' 메뉴에서 '가상 굴절실험'을 학습하도록 했습니다. 해당 메뉴에는 빛의 굴절에 대한 개념 설명도 있지만 6학년 수준에 맞지 않기 때문에 따로 설명하지는 않도록 합니다. 가상 굴절실험에서도 입사각, 굴절각, 굴절률과 같은 용어가 나와도 수준에 맞지 않는 용어이기 때문에 자세한 설명은 하지 않습니다. 빛이 들어왔을 때 빛이 어떻게 굴절돼 나아가느냐만 확인하면 됩니다. 앱상 레이저 포인터를 움직여 빛이 들어오는 각도를 조절할 수 있습니다. 빛이 들어오는 각, 즉 입사각을 조정하면 물속에서의 굴절각도 변화됩니다. 이렇게 입사각과 굴절각 사이의 관계를 한눈에 볼 수 있습니다.

학생들은 직접 조정해보면서 '아! 빛이 들어오는 각도에 따라 굴절되는 것이 다르구나!'라는 것을 자연스레 알게 됩니다. 앱에는 입사각과 굴절각의 수치도 나오지만, 수치에 집중하지 않도록 합니다. 앱에 있는 각도기의 체크 표시를 해제하면 각도기 그림이 사라져 보다 쉽게 관찰할 수 있습니다. 2차시부터 4차시까지 [빛 가상실험실2 앱으로 빛의 굴절을 제대로 이해하면 나중에 볼록렌즈의 원리도 쉽게 이해할 수 있습니다.

5차시에서는 볼록렌즈와 관련된 두 가지 탐구 활동을 합니다. 첫 번째 활동은 볼록렌즈를 만져보고 물체들을 비춰보면서 다음과 같은 특징을 찾는 활동입니다.

특징 1. 가운데 부분이 가장자리보다 두껍다.
특징 2. 가까이 있는 물체를 비추면 실제 물체보다 크게 보인다.
특징 3. 멀리 있는 물체를 비추면 상하좌우가 바뀌어 보인다.

가끔, 학생들이 멀리 있는 물체의 상하좌우가 바뀌어 보이는 현상을 확인하지 못하는 경우가 있습니다. 따라서 볼록렌즈로 물체를 관찰할 때는 상하좌우의 변화가 확실하게 드러나는 물체를 제시하는 것이 좋습니다. 예를 들어, 인형은 상하 변화는 알기 쉬워도 좌우가 바뀐 것을 알기는 쉽지 않습니다. 반면 상하좌우가 확연히 구분된 글자를 비춰보도록 하면 직관적으로 상하좌우가 바뀐 것을 알 수 있습니다.

두 번째 탐구 활동은 볼록렌즈에 레이저 포인터의 빛을 비춰 빛이 어떻게 나아가는지를 확인하는 활동입니다. 이 활동에서는 볼록렌즈의 다음과 같은 특징을 알 수 있습니다.

특징4. 볼록렌즈의 가장자리 부분에 비춘 빛은 렌즈 안쪽으로 꺾인다.
특징5. 볼록렌즈의 중앙 부분에 비춘 빛은 직진한다.

특징 4, 5를 관찰하려면 어떻게 해야 할까요? 빛이 볼록렌즈를 통과해 나아가는 것을 봐야 하는데, 실제로 레이저 포인터를 비춰 보면 빛이 나아가는 중간 경로를 관찰하기 어렵습니다.

빛이 나아가는 과정을 보기 위해서는 어떻게 해야 할까요? 교과서에서는 분무기로 레이저 빛이 지나가는 공간에 물을 뿌리면 레이저 빛이 작은 물방울에 부딪혀 나아가는 경로가 보인다고 나옵니다. 이 빛줄기를 관찰해 볼록렌즈를 통과한 빛이 어떻게 나아가는지 확인하는 것이죠. 그런데 물을 한번 뿌린다고 해서 레이저 빛이 보이는 것이 아닙니다. 공기 중의 물방울이 사라지면 빛이 보이지 않으므로 물을 계속 뿌려줘야 합니다. 그러다 보면 어느새 책상 위가 물로 흥건해져 수업을 계속하려면 걸레질이 필요합니다. 공책이 젖지 않도록 주의사항도 전달해야 합니다. 분무기를 사람을 향해서 뿌리거나 장난스럽게 뿌리지 않도록 해야 하고, 쉬는 시간에 분무기를 물총 삼아 장난치는 학생은 없는지도 살펴봐야 합니다.

볼록렌즈에서 빛이 어떻게 진행되는지 관찰했다면 6차시, 볼록렌즈에 햇빛을 통과 시켜 종이를 태우는 실험을 해봅니다. 이 활동은 종이를 태우기 때문에 화재 위험이 있습니다. 또 햇빛이 잘 들어오지 않는 교실에서는 실험 자체가 불가능해 운동장 수업을 해야 합니다. 안전사고에 대해 각별한 주의를 기울여야 하는 차시입니다.

화재 위험이 있으므로 볼록렌즈의 빛을 꼭 종이에만 비추도록 해야 합니다. 그러지 않으면 화재 이외에도 여러 안전사고가 발생할 수 있습니다. 볼록렌즈의 빛을 친구 옷이나 자신의 손등에 비추다가 화상을 입는 학생이 나올 수도 있고, 어떤 학생들은 개미나 곤충들을 태우는 등의 생명을 가볍게 여기는 행동을 하기도 합니다. 심지어 호기심에 볼록렌즈를 안경처럼 쓰고 햇빛을 보려는 학생도 있습니다. 엄청나게 위험한 행동입니다. 볼록렌즈로 햇빛을 바라봤다가는 자칫 실명할 수 있으니까요. 절대 그러지 말라고 꼭 안전사항을 안내해야 합니다. 그렇다고 단순히 종이를 태우기만 하면 지루해할 수 있으니 캐릭터나 간단한 그림을 따라 태워보는 등 흥미로운 과제를 제시한다면 크게 장난치는 학생 없이 안전하게 마무리할 수 있습니다.

'빛은 굴절한다.'라는 성질 자체는 6학년 학생들에게 그리 어려운 내용이 아닙니다. 하지만 '왜 그런 현상이 나타나는가?' 같은 원리를 알고 설명하는 것은 늘 어려워합니다. 이런 학생들이 빛의 성질을 활용한 물건을 만들어 보는 활동은 해당 원리를 이해하는 데 도움이 됩니다. 7차시에서는 간이 사진기를 만들며 빛의 직진, 굴절과 관련된 원리를 활용합니다. 간이 사진기 만들기 활동은 학생마다 완성까지 걸리는 시간이 제법 차이가 납니다. 손재주가 좋은 학생들은 금방금방 만들지만 그렇지 못한 학생들은 40분이라는 시간 안에 만들기 어려워합니다. 완성해도 간이 사진기에 상이 맺히지 않거나 렌즈가 고정되지 않아 관찰 도중에 렌즈가 떨어지기도 했습니다. 간이 사진기 제작 시간을 넉넉히 주고, 일찍 만든 학생들은 주위 물체를 충분히 관찰하도록 했습니다. 만들기에 익숙하지 않은 학생들도 시간에 여유가 있으니 완성도 높은 간이 사진기를 만들 수 있었고, 충분히 관찰할 시간도 가졌습니다.

〈과학〉 시간이 넉넉할 때는 블록 타임제로 수업을 진행했고, 시간이 부족하면 〈미술〉 시간 등과 연계하는 식으로 시간표를 조정했습니다. [빛 가상실험실2] 앱 안에는 간이 사진기 메뉴도 있습니다. 앱을 통해 완성된 간이 사진기에 상이 어떻게 맺히는지 확인할 수 있습니다. 제작 후에는 자신이 만든 간이 사진기가 앱에 나온 사진기처럼 상을 비추는지 확인하며 오류를 수정할 수 있을 것입니다.

[빛 가상실험실2] 앱은 빛과 렌즈 단원 전반에서 활용할 수 있지만, 어디까지나 보조적인 자료로 이용해야 합니다. [빛 가상실험실2] 앱 내의 개념 설명이 초등학생에게는 다소 어렵기 때문입니다. 그러므로 어디까지나 도식화된 자료를 관찰하는 데 초점을 두고 개념 설명에 시간이 편중되지 않도록 해야 합니다. 자칫하면 이해를 도우려 도입된 자료가 어려움을 느끼게 하는 자료로 인식되지 않도록 유의해 활용하는 것을 권합니다.

▶[빛 가상실험실2] 앱으로 빛이 프리즘을 통과하는 과정을 이해하는 모습

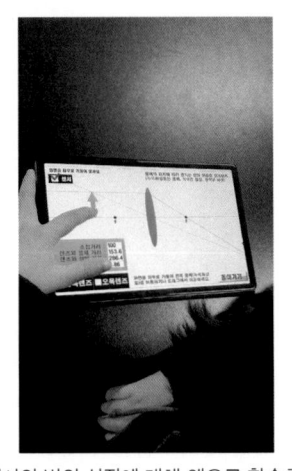

▶렌즈에서의 빛의 성질에 대해 앱으로 학습하는 모습

01. [빛 가상실험실2] 앱 메인화면에서 원하는 주제의 실험을 눌러 가상실험을 할 수 있습니다.

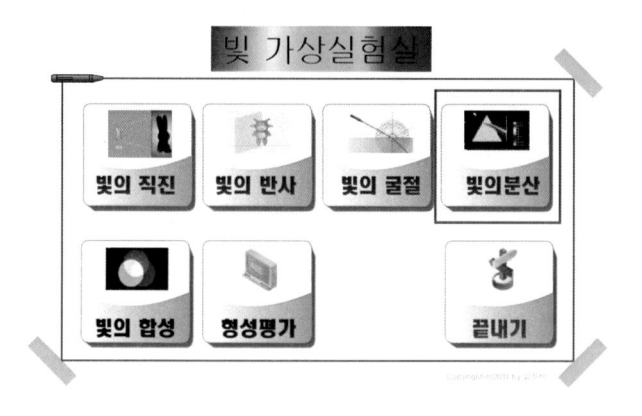

02. 메뉴에서 **'빛의 분산'**을 선택하면 빛의 분산에 대한 개념 설명을 볼 수 있습니다. 오른쪽의 **'프리즘 실험'**을 누릅니다.

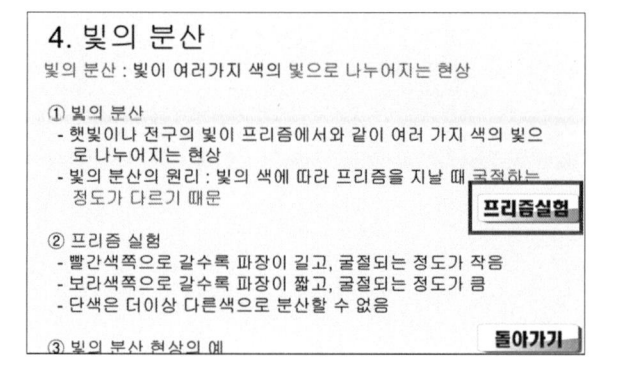

03. '프리즘 실험'에서 빛이 프리즘을 통과했을 때 어떻게 나뉘는지 관찰할 수 있습니다. 왼쪽 아래의 **'프리즘'**을 해제하면 프리즘이 없는 백색광의 빛을 볼 수 있습니다.

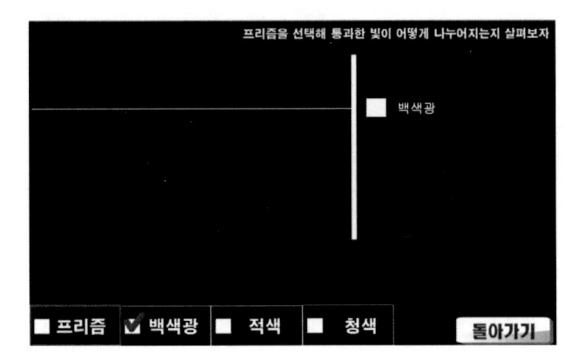

04. 왼쪽 아래의 **'프리즘'**을 체크하면 빛이 프리즘을 통과할 때 어떻게 나뉘는지 확인할 수 있습니다.

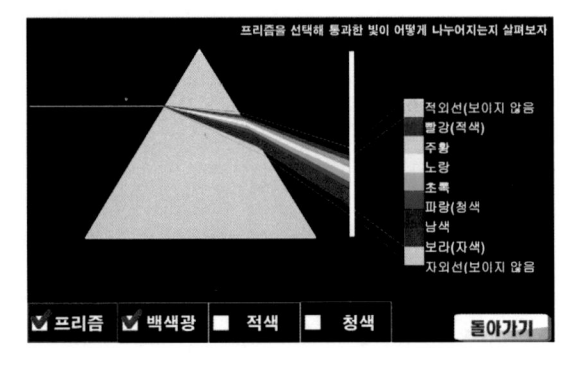

05. 왼쪽 아래의 **'적색'**을 체크하면 적색광이 프리즘을 통과할 때 어떻게 되는지 관찰할 수 있습니다.

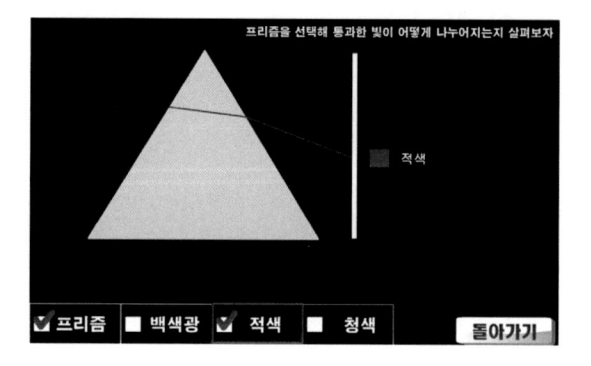

06. 왼쪽 아래의 **'청색'**을 체크하면 청색광이 프리즘을 통과할 때 어떻게 되는지 관찰할 수 있습니다.

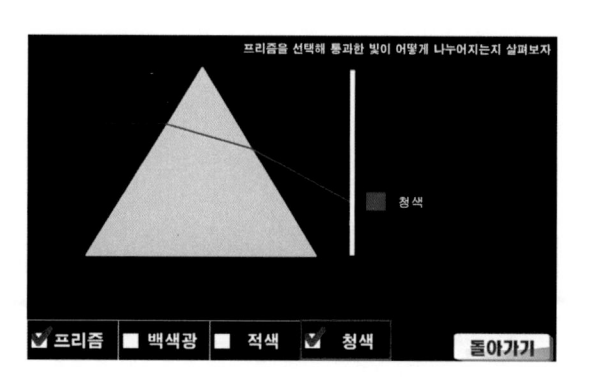

07. 01의 메인화면에서 '**빛의 굴절**'을 선택하면 빛의 굴절에 대한 개념 설명을 볼 수 있습니다. 오른쪽의 여러 실험 중 원하는 실험을 누릅니다.

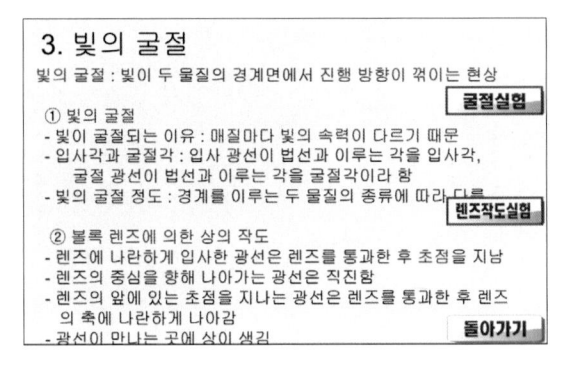

08. '**굴절실험**'에서는 빛이 나아가다 수면에서 굴절되면서 물체가 실제와 다른 곳에 위치하는 것처럼 보이는 현상을 관찰할 수 있습니다.

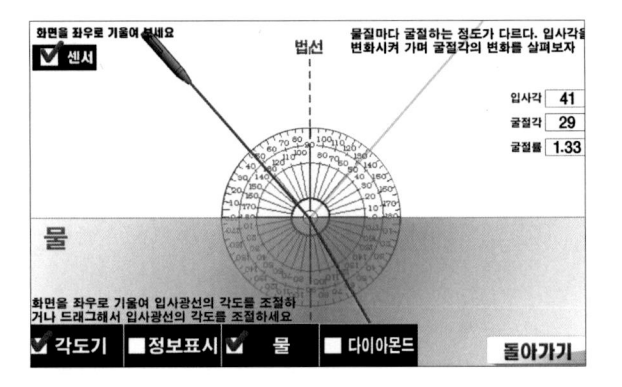

09. 왼쪽 아래의 **'정보표시'**를 체크하면 빛의 굴절과 관련된 여러 용어를 알 수 있습니다.

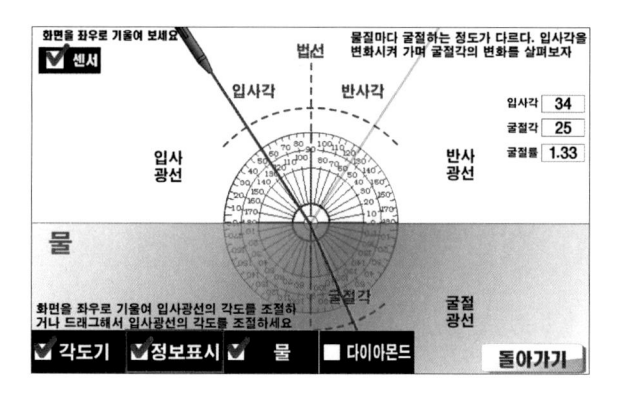

10. 왼쪽 아래의 **'다이아몬드'**를 체크하면 빛이 물 대신 다이아몬드를 지나가는 경우 얼마나 굴절되는지를 확인할 수 있습니다.

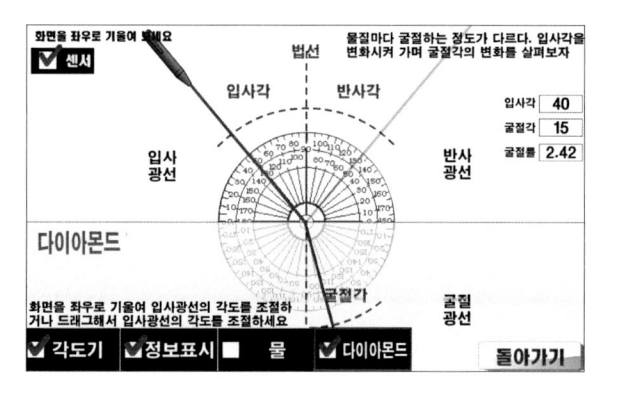

11. 07에서 '빛의 굴절'의 여러 실험 중 '**렌즈작도실험**'을 눌러 볼록렌즈의 특징을 관찰할 수 있습니다. 볼록렌즈로 물체를 볼 때 어떻게 보이는지 확인할 수 있습니다.

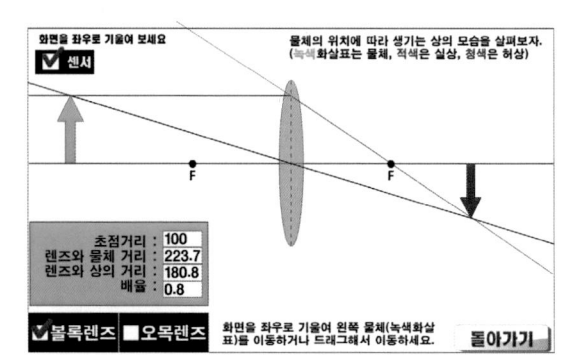

12. 물체와 볼록렌즈 사이의 거리를 화면을 기울이거나 드래그로 조절해 렌즈와의 거리에 따라 물체의 모습이 어떻게 달라지는지 관찰할 수 있습니다.

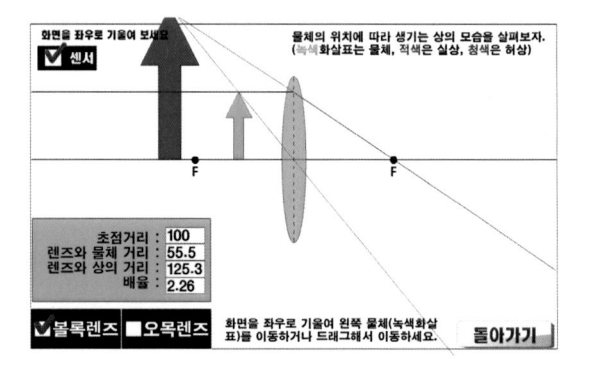

13. 왼쪽 아래의 '**오목렌즈**'를 체크하면 오목렌즈의 특징을 관찰할 수 있습니다.

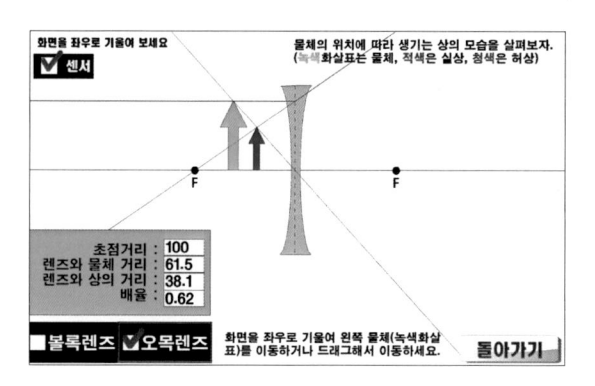

14. 오목렌즈와 물체 사이의 거리에 따라 물체가 보이는 모습이 어떻게 달라지는지 관찰할 수 있습니다.

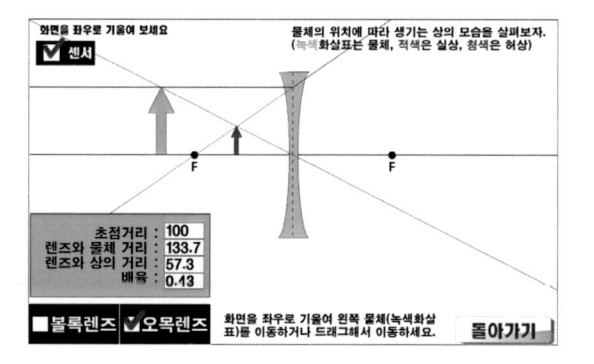

전기의 이용

	사용 앱	[저항의 직렬연결 가상실험]	QR코드
	기능	저항(전구)을 직렬로 연결해 전구의 밝기, 전류, 전압, 전자의 이동을 관찰할 수 있음	
	지원 OS	안드로이드	
	개발	sciencelove	

	사용 앱	[저항의 병렬연결 가상실험]	QR코드
	기능	저항(전구)을 병렬로 연결해 전구의 밝기, 전류, 전압, 전자의 이동을 관찰할 수 있음	
	지원 OS	안드로이드	
	개발	sciencelove	

 **성취기준**

[6과13-01] 전지와 전구, 전선을 연결해 전구에 불이 켜지는 조건을 찾아 설명할 수 있다.

[6과13-02] 전구를 직렬연결할 때와 병렬연결할 때 전구의 밝기 차이를 비교할 수 있다.

[6과13-03] 전기를 절약하고 안전하게 사용하는 방법을 토의할 수 있다.

[6과13-04] 전자석을 만들어 영구 자석과 전자석을 비교하고, 일상생활에서 전자석이 사용되는 예를 조사할 수 있다.

 **차시 안내**

[1차시] 전기를 이용한 재미있는 점토 놀이

[2차시] 전지, 전선, 전구를 연결해 전구에 불 켜기

[3차시] 전지의 연결 방법에 따른 전구의 밝기 비교하기

[4차시] 전구의 연결 방법에 따른 전구의 밝기 비교하기

[5차시] 전선 주위에서 나침반 바늘 움직임 관찰하기

[6~7차시] 전자석 만들기

[8차시] 전기를 안전하게 사용하고 절약하는 방법 알기

[9~10차시] 전기 회로를 이용한 작품 만들기

[11차시] 전기의 이용 정리하기

 **차시 활동**

"교실 전등 껐다 켰다 하지 마!"

"꺄르륵."

교실에서 한두 명씩 전등으로 장난치는 학생이 있습니다. 그러다 선생님께 혼나면 그만두곤 합니다. 단순히 전등을 껐다 켜는 것뿐인데 왜 그렇게 재미있어할까요? 이런 개구쟁이 학생들이 좋아할 만한 단원이 6학년 2학기 '전기의 이용' 단원입니다. 이 단원에서는 전지와 전구로 불을 켜는 것은 물론 전지와 전등의 연결 방법을 다양하게 점등해보는 활동을 합니다.

본격적인 교과 내용을 배우는 2차시에서는 단순히 전구에 불을 켜보는 수업을 합니다. 또, 회로를 구성할 때 이용하는 부품을 배웁니다. 단순한 전기회로를 꾸며보면서 전구에 불이 들어오게 하기 위해서는 어떻게 연결해야 하는지 탐구해봅니다. 복잡한 회로를 요구하지는 않아서 탐구를 어려워하거나 두려워하는 학생들은 거의 없습니다. 다만 몇몇 학생은 '전기회로', '전류', '도체', '부도체'와 같은 용어를 헷갈려 하기도 합니다.

3차시에서는 전지의 직렬, 병렬연결에 따른 전구의 밝기를 탐구합니다. 4차시에서는 전구의 직렬, 병렬연결에 따른 전구의 밝기를 탐구합니다. 방금 읽어보셨다시피, 3차시와 4차시는 제목이 한 단어만 달라 수업 후에도 실험 결과를 혼동하는 학생들이 제법 있습니다. 실험 결과도 정반대라 더 헷갈립니다. 전지는 직렬로 연결했을 때 더 밝아지지만, 전구는 병렬로 연결했을 때가 더 밝습니다. 3, 4차시 수업은 거의 비슷한 전개로 진행되고, 이때 사용되는 부품도 똑같습니다.

수업 시작 전에는 무엇을 유의해야 할까요? 먼저 실험 준비물인 부품을 점검해두는 것이 필수입니다. 전기회로에는 전구, 전지, 전선과 같은 다양한 부품이 필요합니다. 그중에서도 전구는 사전에 잘 살펴보고 여유분도 충분히 준비해야 합니다. 실험에 사용되는 전구가 매우 약하기 때문입니다. 초등학교 실험에서 주로 이용하는 꼬마전구는 보통 1.5-3V용입니다. 이런 꼬마전구는 크기가 매우 작고 빛을 내는 필라멘트도 약해서 자그마한 충격에도 쉽게 망가집니다. 3V를 초과하는 전압이 가해져도 필라멘트가 쉽게 끊어집니다. 전지 한두 개를 직렬로 연결하는 정도라면 3V를 초과하지 않지만, 호기심에 필요 이상으로 많은 전지를 연결하는 학생들이 꼭 있습니다. 그러면 당연히 3V용 전구의 필라멘트는 끊어집니다. 그러므로 전구의 파손에 대비해 여유분을 충분히 준비하는 것이 좋습니다.

전지의 상태도 살펴봐야 합니다. 전구의 불을 밝혀야 하는 전지가 방전돼 있다면 실험 자체가 이루어지지 않기 때문에, 전지의 충전량이 충분한지 확인합니다. 전지의 충전량은 실험의 결과에도 영향을 끼치기 때문에 이 또한 중요한 과정입니다. 예시로 3차시에서는 전지의 직렬, 병렬연결에 따른 전구의 밝기를 비교하는데, 올바른 실험 결과가 나오려면 직렬연결일 때의 전구가 더 밝아야 합니다. 하지만 한쪽의 전지가 거의 방전돼 있거나 충전량이 부족하면

별 차이가 없어 보입니다. 육안으로 구별해야 하는 활동인 만큼, 전지의 잔량이 충분한지 확인해두셔야 합니다.

이 외에도 이 단원의 실험은 실험도구가 많고, 그중에서도 민감한 도구가 많아서 수업 전에 미리 확인하고 여유분을 챙겨둬야 합니다. 전선도 수업이나 실험 전에 점검해봐야 합니다. 전선 같은 경우 피복 안에서 선이 끊어져 있거나 집게와 전선이 단선됐을 수 있고, 전지 끼우개도 오래 사용하면 헐거워져 접촉 불량이 일어날 수 있습니다. 과학 과목 담당 선생님께서 진행하시는 경우 하루에도 몇 번이나 같은 실험을 반복해서 수행해야 합니다. 그러면 첫 시간에 잘 작동하던 부품도 둘째, 셋째 시간이 되면 고장이 날 가능성이 있으니 염두에 두고 수업을 준비해야 합니다.

3, 4차시가 실험도구에 신경 써야 하는 차시라면, 5차시는 학생들이 이해하는 데 어려움을 느끼는 차시입니다. 이 차시는 이전부터 초등학생에게는 어렵다는 현장의 목소리가 많이 나왔습니다. 현재는 많이 완화됐지만, "전류는 +극에서 -극으로 흐른다.", "전선에 전류가 흐르면 전선 주위에 자기장이 생긴다." 하는 추상적인 개념들은 몇몇 학생에게 여전히 어려운 내용입니다. 그러므로 이런 원리를 수업 시간에 직접 설명하는 대신 현상을 관찰하고 그 결과를 학생들이 적어보는 활동을 추천합니다. 예를 들어 "전선에 전류가 흐르면 자기장이 생겨 나침반이 움직인다."라고 쓰게 하기보다는 "전류가 흐르면 나침반의 바늘이 움직인다."와 같이 학생들이 관찰 결과를 최대한 스스로 말하거나 쓸 수 있도록 합니다.

6, 7차시는 학생들이 직접 전자석을 만들고 그 성질을 알아보는 시간입니다. 전자석을 만드는 활동은 예전이나 지금이나 크게 달라지지 않았습니다. 기다란 쇠못이 나사못으로 대체된 정도입니다. 여기서는 편의상 쇠못으로 설명하겠습니다. 학생 시절 만들어본 것처럼 전자석은 쇠못에 에나멜선을 감아 만듭니다. 전체적인 차시 구성은 다음과 같습니다. 먼저 전자석을 만들고 전자석의 성질을 탐구하며 실생활에서 사용되는 전자석을 알아봅니다. 전자석 만들기는 학생들이 어려워하는 부분이므로, 선생님이 대표로 정확한 전자석을 만들어 보여줄 수도 있습니다. 하지만 직접 에나멜선을 감으며 조작하는 것도 학생들에게 도움이 됩니다. 재료는 기다란 쇠못, 에나멜선, 흰 종이가 필요하고, 만드는 과정은 다음과 같습니다.

과정 1. 쇠못에 종이테이프를 감는다.
과정 2. 종이테이프를 감은 쇠못에 에나멜선을 120번 정도, 한쪽으로 촘촘하게 감는다.
과정 3. 에나멜선 양쪽 끝부분을 5㎝ 정도 남겨두고 감는다.
과정 4. 에나멜선 양쪽 끝부분을 사포로 문질러 겉면을 벗겨낸다. (사포로 벗겨진 부분에 도체 부분이 드러난다.)
과정 5. 에나멜선 양쪽 끝부분을 전기회로에 연결해 전자석을 완성한다.

　제대로 된 전자석을 만들기 위해서는 세심할 필요가 있는데, 조작 능력이 조금 서툰 학생들은 전자석 만들기를 어려워합니다. 특히 과정 1의 종이테이프 감는 것을 어려워합니다. 제대로 된 전자석을 만들기 위해서는 종이테이프가 쇠못에 최대한 밀착되도록 감아야 하는데, 헐거울 경우 몇 번이나 다시 감아야 하기 때문입니다.

더욱더 어려운 것은 과정 2입니다. 첫 번째로 에나멜선 감는 것을 어려워합니다. 왜 과정 2를 어려워할까요? 단순히 반복해서 돌려 감는 게 왜 어렵냐고 생각하실 수도 있지만, 실제로 해보면 에나멜선을 한 방향으로 120번 반복해서 감는 것은 여간 어려운 일이 아니라는 것을 알 수 있습니다. 만일 대충 감으면 어디는 에나멜선이 두세 번 감기고 어느 부분은 감기지 않아 종이가 그대로 드러나기도 합니다. 촘촘하게 감기지 않거나 겹쳐서 감긴 부분이 있으면 전류의 흐름이 일정하지 않아 전자석 역할을 제대로 하지 못합니다.

더군다나 에나멜선을 '한 방향'으로만 감아야 하는데, 촘촘하게 감지 않으면 다 풀어서 다시 감아야 하므로 학생들은 귀찮아서 별 생각 없이 이중으로 감고는 합니다. 그러면 전류의 방향이 일정하지 않아 이상한 실험 결과가 나옵니다. 잘못 만들어진 전자석으로 활동하면 이후 전자석의 성질을 알아보는 활동에서 오개념이 생길 수도 있습니다.

전자석의 성질을 알아보는 활동에는 무엇이 있을까요? 크게 세 가지 성질을 알아봅니다. 첫째, 전자석에 전류가 흐를 때 바늘이 전자석의 양 끝에 붙는지 확인합니다. 둘째, 전지의 개수를 늘려 전자석 양 끝에 붙는 바늘의 개수가 어떻게 달라지는지 확인합니다. 이 두 가지는 쉽게 확인할 수 있으며 학생들도 실험 결과를 어렵지 않게 이해합니다. 학생들이 어려워하는 부분은 세 번째, 전지의 극에 따라 전자석의 극이 변하는 성질입니다. 전자석은 전지의 +극과 연결된 부분은 S극, -극과 연결된 부분은 N극이 됩니다. 이렇게 정확하게 알면 좋겠지만 초등학교 수준에서는 전류의 방향이 바뀌면 전자석의 극도 바뀐다는 정도로만 이해해도 충분합니다. 실제로 전자석 관련 단원의 성취기준도 "영구자석과 전자석을 비교한다." 정도로만 기술돼 있으므로 너무 세세한 내용에 집착할 필요는 없습니다.

위 활동들은 기본적으로 조작 능력이 필요한 활동입니다. 그러지 않으면 실험에 오류가 크게 생기고, 오개념이 정착될 가능성이 큽니다. 이때는 학생들 나름대로 실험이나 탐구를 하도록 진행한 후, 수업이나 실험 내용 정리 단계에서 교사가 대표로 실험하거나 실험 동영상 등을 제시해서 오개념이 고착되지 않도록 해야 합니다.

특히 3, 4차시의 전지와 전구의 직렬, 병렬연결 실험은 수치로 정확한 값을 나타내기 힘들어 학생들이 쉽게 헷갈리고, 금방 실험 결과를 잊어버리곤 합니다. 이러한 학생들에게 수업 시 도움이 될 만한 앱이 [저항의 직렬연결 가상실험], [저항의 병렬연결 가상실험]입니다. '전구의 연결 방법에 따른 전구의 밝기' 실험에서 이 앱들을 어떻게 활용하는지 소개하겠습니다.

3차시에서는 다른 조건은 그대로 둔 채 전지만 직렬로 추가해보고 변화를 확인합니다. 전지를 직렬로 연결하면 전압이 늘어나 전구가 밝아집니다. 비슷한 원리로 앱에서 전지의 전압을 변화시키며 전지가 추가된 것과 같은 결과를 볼 수도 있습니다. 앱에서 볼 수 있는 실험 결과에서는 전구의 밝기가 확연히 달라지기 때문에 학생들이 직관적으로 쉽게 이해할 수 있습니다. 무엇보다 실제 실험과 달리 전구의 필라멘트가 끊어질 걱정이 없고, 번거롭게 여러 전지를 연결하지 않아도 된다는 장점이 있습니다.

4차시에서는 앱을 통해 가상으로 전구를 직렬, 병렬연결할 수 있어서 해당 차시와 관련된 가상 실험을 진행할 수 있습니다. 학생들은 전구의 직렬연결은 쉽게 이해하지만, 전구를 병렬로 연결할 때는 어려워합니다. 전구의 병렬연결에서 관찰할 수 있는 세 가지 특징 때문입니다.

◎ 전구(저항) 병렬연결의 특징

- 전구 두 개를 병렬연결하면 전구를 한 개만 연결했을 때와 전구의 밝기가 같다. (전구를 두 개 연결하면 소비하는 전력도 두 배가 될 텐데 어떻게 전구 한 개를 연결했을 때와 밝기가 같을까 의문이 생긴다.)
- 전구 두 개를 병렬연결할 때가 전구 두 개를 직렬연결한 전구보다 밝다. (똑같이 전구 두 개를 연결했는데 밝기가 다른 이유를 궁금해한다.)
- 전구 두 개를 병렬연결한 전기회로에서 한쪽 전구의 불이 꺼져도 다른 전구의 불은 꺼지지 않는다. (이 부분을 가장 이해하기 어려워한다. 회로는 하나로 연결돼 있으니 전구 하나가 꺼지면 다른 전구도 꺼져야 할 것 같은데 나머지 전구에서는 불이 켜지기 때문이다.)

이러한 특징을 이해하기 어려운 이유는 전류나 전자의 흐름이 눈에 보이지 않는 현상이기 때문입니다. 만일 전류의 흐름이 눈에 보인다면 학생들도 쉽게 이해할 수 있을 것입니다. 마치 물줄기의 흐름을 확인하는 것처럼 말입니다. [저항의 직렬연결 가상실험], [저항의 병렬연결 가상실험]은 전류, 전자의 흐름을 보여줘 이해를 돕습니다. 다만 이 앱에는 초등학교 성취기준에 벗어나는 내용도 포함됩니다. 예를 들어 전류의 양, 전압 측정 기능이나 전구의 저항값 변경, 전선의 위치에 따른 전압의 세기 등이 그것입니다. 이 같은 내용은 초등학교 수준에서 벗어나므로 지도교사가 적절하게 조절해서 학습 내용을 제시할 수 있어야 합니다. 그래서 이 앱으로 수치를 계산하기보다는 실험 전에 회로도를 구상해보거나 실험 후 내용 정리 단계에서 보조적인 자료로 이용하시는 것을 추천합니다. 굳이 앱을 이용하지 않아도 전구에 불을 켜고, 전자석을 만들어보는 활동만으로도 충분히 매력적인 단원입니다.

▶[저항의 직렬/병렬연결 가상실험] 앱으로 실험을 구현해 보고
그 과정과 원리를 학습하는 모습

[저항의 직렬연결 가상실험]

01. 앱을 실행하면 기본적으로 스위치, 전지, 전구(저항)가 하나씩 연결됩니다.

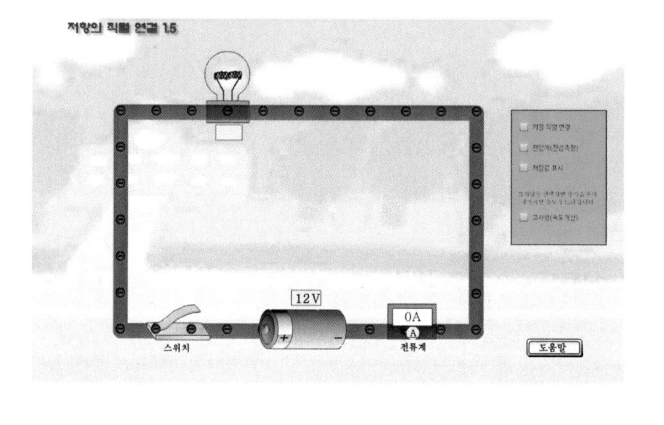

02. **스위치**를 누르면 전류가 흐르기 시작해 전구가 빨갛게 켜지는 것을 볼 수 있습니다.

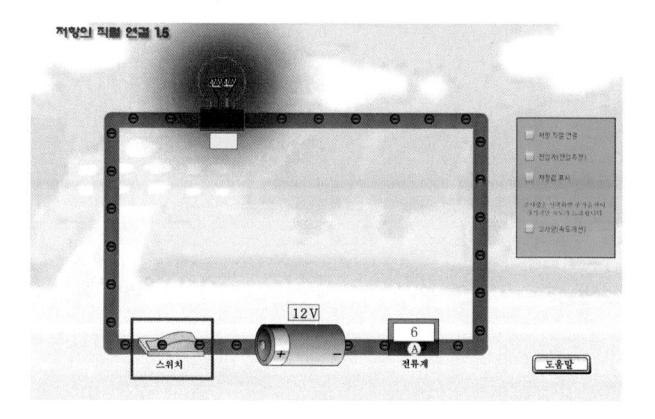

03. **전지**를 눌러서 전압에 변화를 줄 수 있습니다. 전압의 변화에 따라 전구의 밝기가 어떻게 바뀌는지, 흐름의 빠르기가 어떻게 변화하는지 관찰할 수 있습니다.

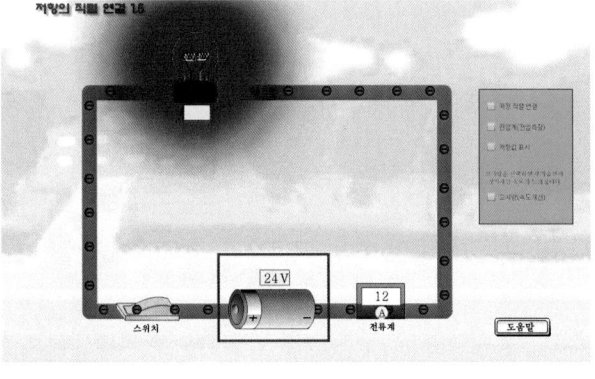

04. 오른쪽 메뉴의 '**저항 직렬연결**'을 누르면 전구가 직렬로 연결됩니다.

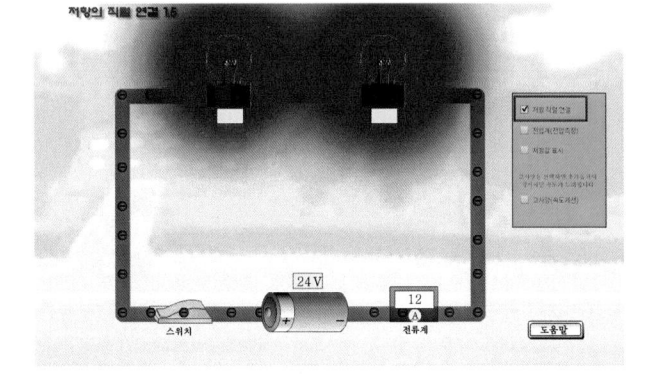

05. **전구**를 눌러서 저항의 크기에 변화를 줄 수 있습니다. 저항의 변화에 따른 전구의 밝기를 관찰할 수 있습니다.

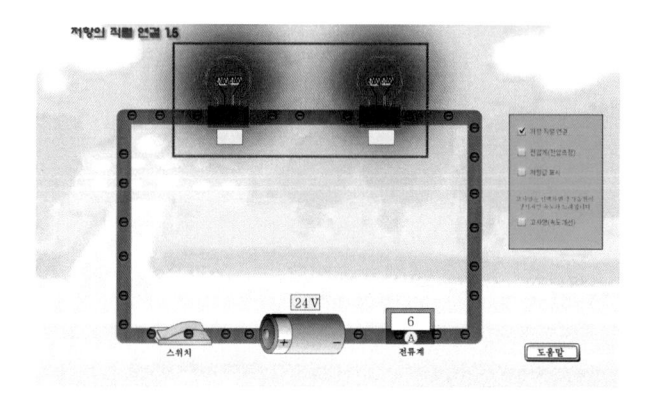

06. **전지**를 눌러서 전압의 크기에 변화를 줄 수 있습니다. 전압의 변화에 따라 직렬로 연결된 전구의 밝기가 어떻게 변하는지 관찰할 수 있습니다.

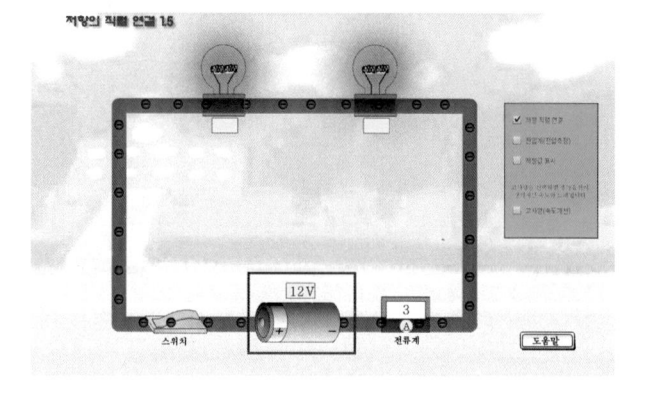

07. 오른쪽 메뉴에서 '**전압계(전압 측정)**'를 누르면 화면 중앙에 전압계가 나타납니다.

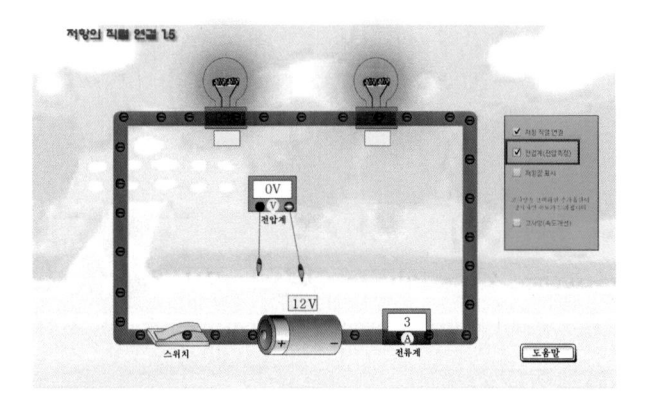

08. 전압계를 원하는 곳에 연결해 전압을 측정할 수 있습니다.

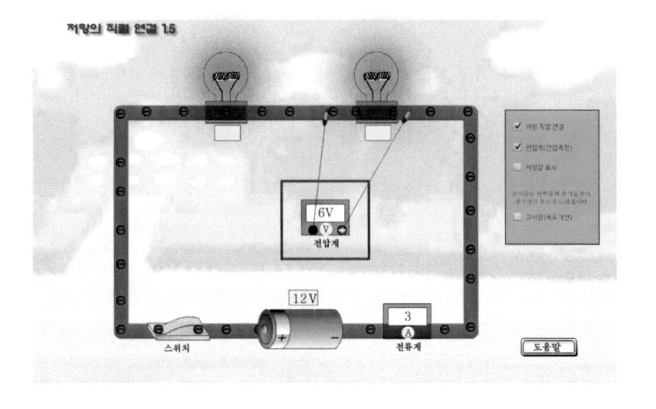

09. 오른쪽 메뉴의 '**저항값 표시**'를 누르면 저항값이 수치로 표시됩니다.

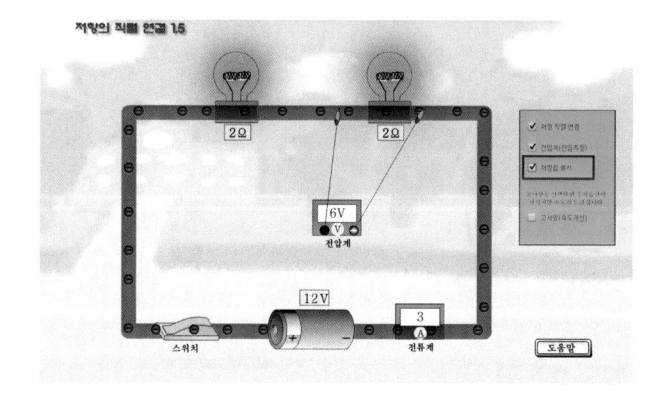

10. 오른쪽 메뉴의 '**고사양**'을 선택하면 왼쪽 위에서 전자가 이동하는 모습을 볼 수 있습니다.

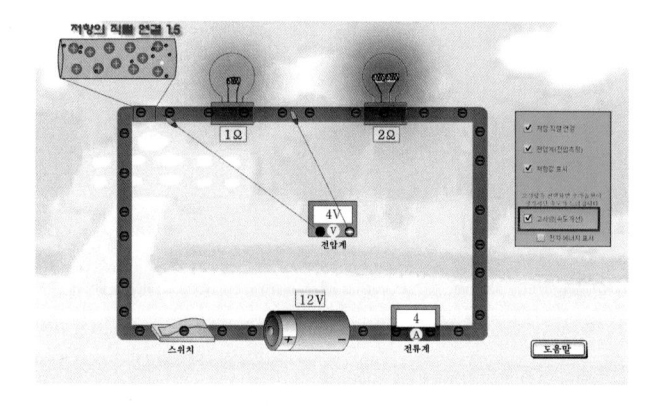

11. **'전자 에너지 표시'**를 누르면 전자 에너지가 회로에서 어떻게 변화하는지 관찰할
    수 있습니다.

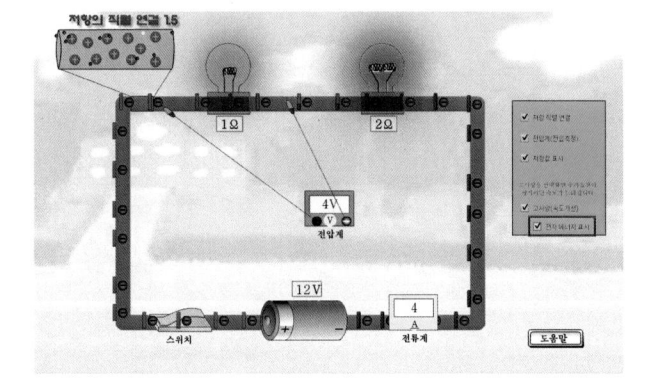

[저항의 병렬연결 가상실험]

01. 앱을 실행하면 기본적으로 스위치, 전지, 전구(저항)가 하나씩 연결됩니다.

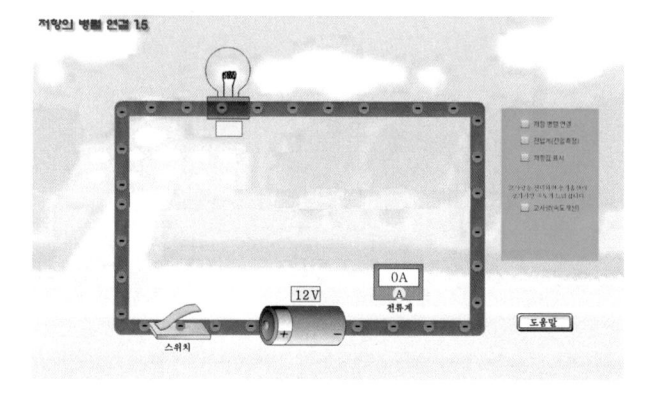

02. **스위치**를 눌러서 켜면 전류가 흐르기 시작합니다. 전구가 빨갛게 켜지는 것을 볼 수 있습니다.

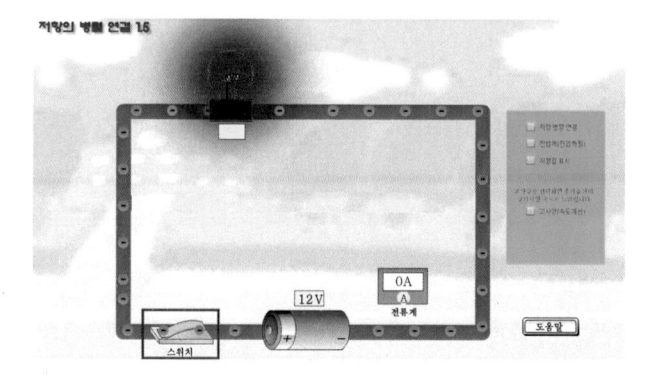

03. **전지**를 눌러서 전압에 변화를 줄 수 있습니다. 전압의 변화에 따라 전구의 밝기가 어떻게 바뀌는지, 전자의 빠르기가 어떻게 변화하는지 관찰할 수 있습니다.

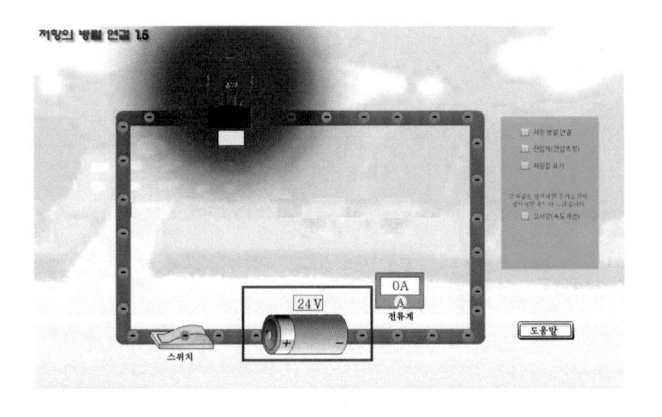

04. **전구**를 눌러서 저항의 크기에도 변화를 줄 수 있습니다.

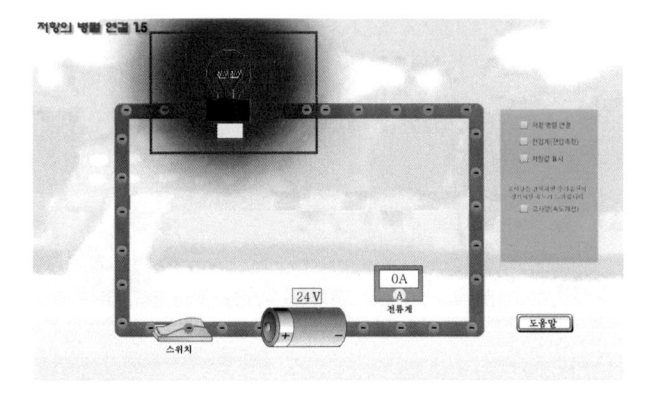

05. 오른쪽 메뉴의 **'저항값 표시'**를 누르면 전구 아래에 저항값이 표시됩니다.

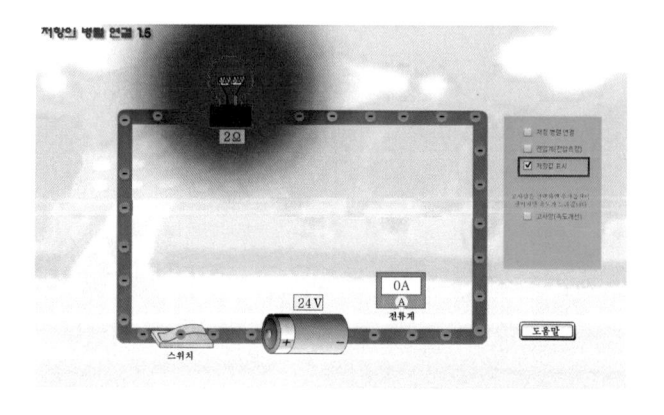

06. 오른쪽 메뉴의 **'저항 병렬연결'**을 누르면 전구가 병렬로 연결됩니다.

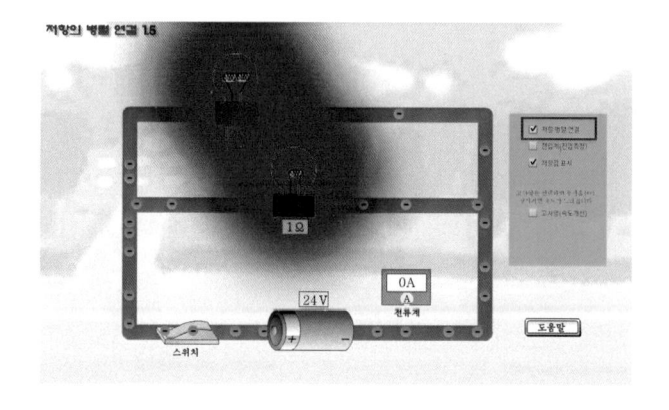

07. **전구**를 눌러서 저항의 세기에 변화를 주면 저항의 변화에 따른 전구의 밝기를 관
찰할 수 있습니다.

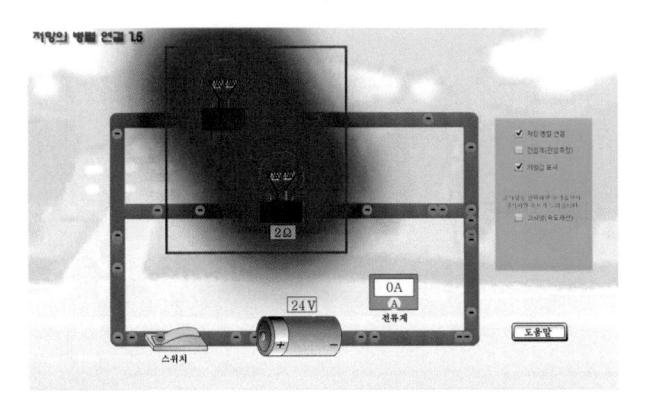

08. 화면 중앙에 있는 전류계를 회로 위에 놓아서 관찰할 수 있습니다. 원하는 곳에
전류계를 연결해 전류를 측정할 수 있습니다.

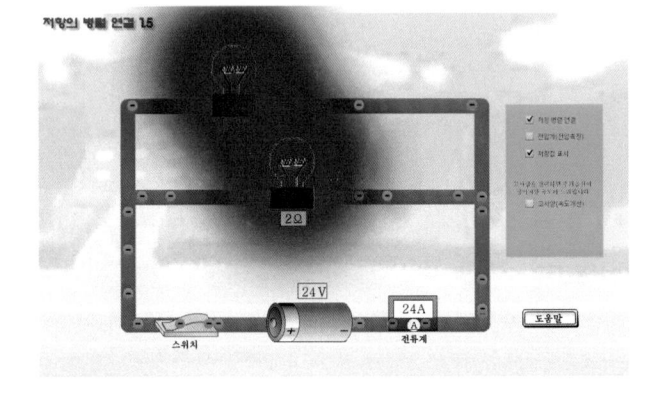

09. 오른쪽 메뉴에서 '**전압계(전압 측정)**'를 누르면 전압계가 화면 중앙에 나타납니다. 전압계를 드래그해서 원하는 곳에 연결해 전압을 측정할 수 있습니다.

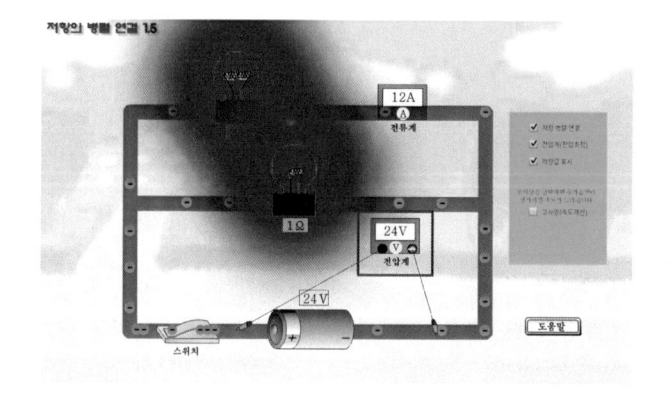

10. 오른쪽 메뉴의 '**고사양**'을 선택하면 왼쪽 상단에 전자가 이동하는 모습을 볼 수 있습니다.

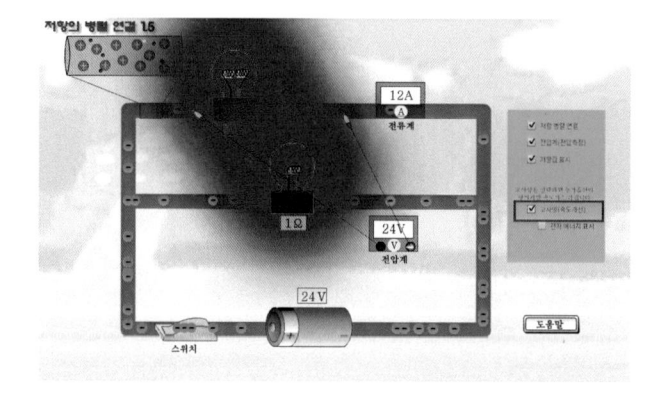

11. '**전자 에너지 표시**'를 누르면 전자 에너지가 회로에서 어떻게 변화하는지 관찰할
수 있습니다.

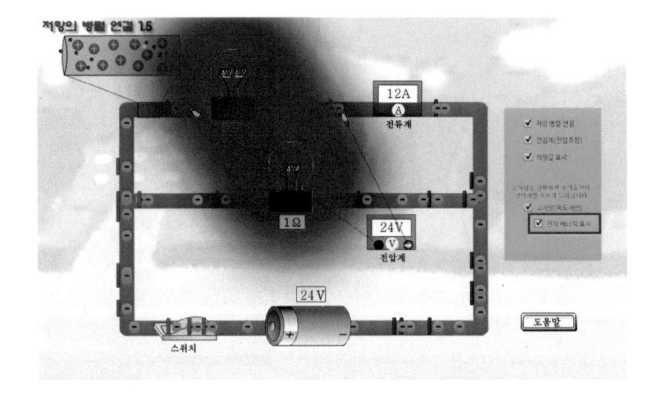

에너지와 생활

	사용앱	[Google 문서]	QR코드
	기능	스마트기기로 문서를 작성하고 다른 사용자와 문서를 공동으로 작업할 수 있음	
	지원 OS	안드로이드/ iOS	
	개발	Google LLC	

성취기준

[6과17-01] 생물이 살아가거나 기계를 움직이는 데 에너지가 필요함을 알고, 이때

이용하는 에너지의 형태를 조사할 수 있다.

[6과17-02] 자연현상이나 일상생활의 예를 통해 에너지의 형태가 전환됨을 알고,

에너지를 효율적으로 사용하는 방법을 토의할 수 있다.

차시 안내

[1차시] 과일전지 만들기

[2차시] 에너지의 필요성 알기

[3차시] 에너지의 종류 알기

[4차시] 에너지의 형태가 바뀌는 예 알기

[5차시] 에너지의 전환 알기

[6차시] 에너지를 어떻게 효율적으로 이용할지 알기

[7~8차시] 우리 학교의 에너지 이용 실태 취재하기

[9차시] 에너지와 생활 정리하기

 **차시 활동**

"선생님, 저 휴대폰 충전 좀 해도 돼요? 학원 갈 때 써야 하는데 충전 못 하고 왔어요."

"그래? 여기 충전기 있으니까 충전해."

"어? 선생님 휴대폰 충전해도 돼요? 그럼 수빈이 끝나고 저도 충전할래요!"

"그다음은 나!"

요즘 초등학교 고학년이면 대부분의 학생이 개인용 스마트기기를 가지고 다닙니다. 물론 각 학급, 학교마다 교칙에 따라 관리합니다. 스마트기기를 손쉽게 이용하다 보니 학생들도 전기에너지를 사용하는 것이 일상이 돼버렸습니다. 스마트폰을 충전하고 이용하다 보니 예전보다 접할 기회가 많아진 것이죠. 그리고 교실마다 에어컨이 설치되는 등 각종 전자기기를 접할 기회가 늘어나면서 전기는 생활에 필수적인 에너지가 됐습니다.

학생들은 스마트기기를 친근하게 사용하면서도 충전에 필요한 전기나 다른 에너지의 소중함은 잘 느끼지 못하는 것 같습니다. 오히려 전보다 풍족해지면서 에너지에 감사한 마음이나 아껴 써야 한다는 생각이 줄어든 것도 같습니다. 실제로 수업하다 보면 왜 에너지를 효율적으로 이용해야 하는지, 그 필요성을 인식하지 못하는 경우가 많습니다. 우리가 손쉽게 이용하는 전기를 생산하기 위해 환경이 오염되고 파괴되는데도 학생들은 자신과는 동떨어진 문제라고 생각합니다. 각종 수업에서 북극의 얼음이 녹아 북극곰들의 생존이 위협받고, 갖가지 기후변화로 자연재해가 일어난다고 이야기해도 그 순간에만 심각하다고 생각할 뿐, 삶의 태도 변화를 일으키긴 힘듭니다.

초등학교 과학의 마지막 단원인 '에너지와 생활'에서는 이런 학생들에게 에너지와 우리의 삶이 밀접하다는 것을 알게 해줍니다. 이 단원은 직접적인 실험이 나오지 않아 여타 과학 단원과 조금 다릅니다. 그리고 현실적인 학교 교육과정 운영상 졸업을 앞둔 시기에 배우므로 다른 단원에 비해 아이들 집중력도 많이 저하돼 있습니다. 실제 삶과 관련된 가장 큰 문제를 다루는 단원이 이렇게 흐지부지 지나가는 것이 안타까웠습니다. 그래서 이 단원은 이론적인 부분은 최소한으로 성취기준을 달성하도록 기본 배경지식 위주로 가르치고 차시를 재구성해 프로젝트학습으로 진행했습니다.

에너지와 생활 단원은 어떻게 구성돼 있을까요? 먼저 2~3차시에서는 우리가 평소 사용하는 에너지들을 알아보고 에너지가 필요한 까닭과 어떻게 에너지를 얻을 수 있는지를 알아봅니다. 에너지라고 하면 보통 전기, 원자력 에너지와 같이 산업적으로 이용되는 에너지만을 떠올립니다. 에너지를 얻는 방법도 휴대전화 충전이나 자동차에 기름을 넣는 것처럼 무생물이 에너지를 얻는 것을 떠올리는 경우가 많습니다. 하지만 사람이나 동물, 식물도 운동에너지나 몸을 따뜻하게 하는 열에너지를 가지고 있다는 것을 알려주고, 태양

열에너지, 풍력에너지, 파력에너지처럼 자연에서 얻을 수 있는 에너지들도 제시해 미래 에너지에 대해서도 알 수 있도록 해야 합니다.

4차시에서는 앞서 알아본 에너지의 형태가 바뀌는 경우를 알아봅니다. 운동에너지가 열에너지로 바뀐다거나 위치에너지가 전기에너지로 바뀌는 예시를 알아보는 것입니다. 눈에 보이는 것이 아니고 추상적이지만 일상의 구체적 사례를 알아보며 어렵지 않게 수업을 진행할 수 있습니다. 하나하나 따져보면 결국 지구의 각종 에너지는 태양에 의해 만들어진다는 것을 학생들도 알게 됩니다.

5차시에서는 배운 내용을 바탕으로 우리 생활에서 사용되는 에너지가 어떻게 변화하는지 확인합니다. 식물은 광합성으로 태양의 빛에너지를 화학에너지로 변화 시켜 에너지를 얻는다거나 수력 발전소에서 물의 위치에너지가 전기에너지로 변한다는 것을 배웁니다.

앞서 살펴본 것처럼 2~5차시의 내용은 에너지의 종류와 형태를 알아보는 차시입니다. 6~8차시는 조금 더 실생활과 가깝게 우리 주위에서 에너지가 어떻게 이용되는지를 알아봅니다. 6차시에서는 에너지를 효율적으로 이용하는 방법들을 배웁니다. 평소 전자기기를 이용할 때 붙어 있는 '에너지 소비 효율 등급'이나 '에너지 절약' 표시 같은 것을 배우는 것입니다. 에너지 소비 효율 등급이 1등급에 가까울수록 효율이 좋은 기구임을 알고, 실제로 사용하는 전자기기의 효율은 어떤지 조사하며 확인해봅니다.

전등의 경우를 살펴볼까요? 전등은 종류에 따라 에너지 효율 차이가 커서 에너지 절약에 대해 알기 쉬운 제품입니다. 백열등보다 형광등이 효율이 높고, 형광등보다는 LED 전구가 효율이 높습니다. 전구나 전자제품에 따라 에너지 효율이 다르다는 것을 깨달은 학생들은 건축물이나 동식물들을 통해서도 에너지 효율에 대해 배웁니다. 건물에 이중창을 만들거나 단열재를 넣어 짓는 것, 동물들이 겨울잠을 자는 것도 에너지 효율을 높이는 방법이라는 걸 배웁니다.

7, 8차시에서는 우리 학교의 에너지 이용 실태를 조사합니다. 이 활동은 각 교실이나 학교 사정에 따라 '우리 집의 에너지 이용 실태 조사하기', '우리 교실의 에너지 이용 실태 조사하기' 등으로 주제를 변경할 수 있습니다. 학교라는 공간에 한정 짓지 않고 직접 조사하며 학교에서 배운 지식이 자신의 삶과 얼마나 연관돼 있는지 알도록 합니다. 현실 사회의 문제점을 인식하고 해결방안도 생각해볼 시간을 주는 것입니다. 7, 8차시가 조사, 탐구 수업으로 구성돼 있지만, 시간이 부족하거나 에너지 문제에 대해 더 관심을 두고 조사하기 위해 차시를 재구성해 프로젝트 수업을 할 수도 있습니다. 6학년의 마지막 과학 수업이므로 이런 협업 경험은 중학교에서도 큰 도움이 될 것입니다.

조사, 탐구, 프로젝트 활동은 단순한 지식 전달 수업에 비해 '자기 주도적 학습 능력을 신장시킨다.', '문제해결 능력을 높인다.', '모둠원 간의 의사소통능력을 함양한다.' 하는 점에서 주목을 받습니다. 이와 같은 장점에도 불구하고 실제 수업에 조사, 탐구 수업이 잘 이루어지지 않는 데는 몇 가지 이유가 있습니다. 먼저 조사, 탐구, 프로젝트 수업에는 많은 시간이 필요한데, 정작 수업이 끝난 후 학생들에게 무엇이 남았는지는 의문이 남습니다. 학생 개개인의 능력에 따라 무엇을 조사할지 갈피를 못 잡는 학생부터 순식간에 문제를 해결하는 학생까지 난이도가 크게 달라집니다. 모둠 단위 활동이니 무임 승차자가 생기기도 하고, 자기 모둠의 발표가 무슨 내용인지 이해하지 못하는 경우도 많습니다. 자기 모둠의 발표도 잘 이해하지 못하는데 다른 모둠의 조사 내용까지 이해하는 것은 무리가 있을 것입니다.

탐구하지 않고 무임승차하는 학생들은 왜 생길까요? 그냥 그 학생이 무책임하기 때문일까요? 교실 상황을 생각해보면 다른 이유도 생각할 수 있습니다. 초등학교의 조사, 탐구 수업은 무 자르듯 정확히 역할을 나누기 힘듭니다. 보통 자료 조사, 발표 자료 제작, 발표 등으로 나누어지는데, 조사하다 보면 발표 자료를 만들 때 어느 정도 조언할 수밖에 없습니다. 때로는 자료를 조사한 학생들이 발표까지 하는 경우도 있습니다. 소수의 학생이 다 해버리니 자연스레 할 일이 없어진 친구들은 활동에서 배제될 수밖에 없습니다. 최근에는 조사, 탐구 활동이 휴대전화나 스마트패드와 같은 모바일 기기 또는 컴퓨터를 이용해 이루어지는데, 기기 수에는 현실적으로 한계가 있다 보니 장비가 없는 학생들은 수업에 소극적으로 참여할 수밖에 없습니다.

만약 각자 조사한 내용을 실시간으로 공유하고 발표 자료도 함께 수정할 수 있는 프로그램이 있으면 어떨까요? 각자의 휴대전화나 스마트기기로 하나의 자료를 수정한다면 말입니다. 지금보다 평등한 조사, 탐구 프로젝트 수업이 되지 않을까요? 이렇게 조사, 탐구 프로젝트 수업을 평등하게 진행할 수 있는 앱이 바로 [Google 문서]입니다.

[Google 문서]는 공동작업을 할 수 있게 해주는 소프트웨어입니다. 각자의 휴대전화나 스마트기기, PC로 말입니다. [Google 문서]의 특징은 크게 세 가지입니다.

첫째, 웹상에서 문서를 작성하기 때문에 구성원 모두가 문서 작성에 참여할 수 있습니다. 굳이 스마트기기 한 대에 매달려 키보드 하나를 다 같이 칠 필요가 없는 것입니다. 각자 기기를 바라보며 쾌적한 환경에서 자료를 조사하고 발표자료를 만들 수 있습니다.

둘째, 특별한 소프트웨어를 설치할 필요가 없습니다. 한글 문서를 열기 위해 한글 프로그램을 설치할 필요도 없고, 파워포인트를 열기 위해 마이크로소프트 오피스를 설치할 필요도 없습니다. 단지 구글 아이디로 로그인만 가능하다면 언제, 어디서나 문서 작업이 가능합니다.

셋째, 구성원들 간에 댓글을 달 수 있는 기능이 있어서 수시로 의견 교환이 가능합니다. 또 교사가 구성원으로 참가하면 선생님께서 학생들의 작업이 어느 정도까지 진척됐는지 알 수 있고, 댓글 기능으로 피드백해주거나 본문 내용을 수정, 보완해줄 수도 있습니다.

공동으로 문서 작업을 하다 보면 새로운 문제가 생기지 않을까 걱정될 수도 있습니다. 예를 들어 내가 열심히 작성한 글을 모둠원이 삭제한다거나, 내 글을 내 생각과 다르게 수정한다거나 하는 것처럼 말입니다. [Google 문서]는 이런 불상사가 일어나는 것을 막기 위해 구성원들이 어느 부분을 수정하는지 실시간으로 확인할 수 있습니다. 수정된 부분이 중복되거나 두 번 고쳐지지 않게 할 수도 있습니다. 이처럼 [Google 문서]는 학생들이 민주적으로 프로젝트학습에 참여하도록 도와줍니다. 조사, 탐구 활동이 많은 사회시간에도 유용하게 활용할 수 있고, 국어 시간에 하나의 글을 함께 완성하는 활동도 할 수 있습니다.

탐구, 조사 활동에서 늘 소외되고 참여하지 못하는 학생들이 있어서 안타까웠는데 [Google 문서]를 활용하기 시작하면서 그런 친구들이 줄었습니다. 조사, 취합하는 파일이 하나로 통합되니 시간도 절약됐습니다. 단, 유의해야 할 점도 있습니다. 먼저 학생들이 스마트기기를 어느 정도 다룰 줄 알아야 한다는 것입니다. 구글에 로그인하고, 인터넷을 이용해 자료를 조사하고, 앱을 전환해 [Google 문서]에 정리하는 일련의 과정에 능숙해야 하기 때문입니다. 그러므로 [Google 문서]는 이 단원에서 처음 활용하기보다는 다른 교과목에서 차근차근 이용하면서 학생들이 익숙해지도록 하는 것을 추천합니다.

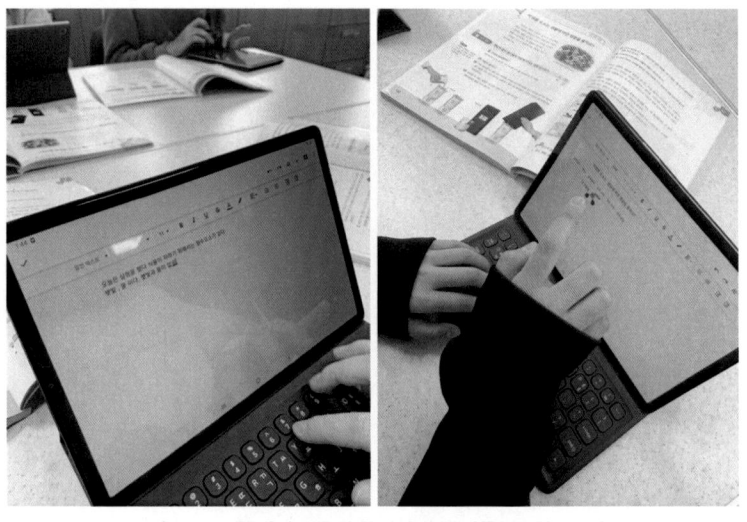

▶[Google 문서]에 모둠원 구성원 모두 다중접속함으로써
하나의 프로젝트 과제를 동시에 처리하는 모습

01. [Google 문서] 앱을 실행한 뒤 로그인을 합니다. 로그인하면 메인화면에 '나의 문
서함'이 나타납니다. 메인화면에서 오른쪽 아래의 **+ 아이콘**을 눌러서 문서를 만
들 수 있습니다.

02. **'새 문서'**를 눌러 문서를 생성합니다.

03. 문서를 다른 사람과 공유하려면 오른쪽 위의 메뉴를 눌러 **'공유 및 내보내기'→'**
공유'를 선택합니다.

04. '사용자' 칸에 공유하고 싶은 사람의 구글 아이디를 입력한 뒤 **'공유하기 아이콘'**
을 누릅니다. 공유한 뒤에는 아래에서 공유 중인 사용자를 확인할 수 있습니다.

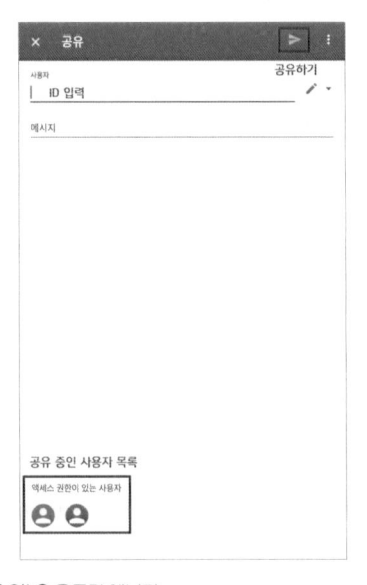

05. 아래 그림처럼 여러 사용자가 각자의 스마트기기로 동시에 같은 문서를 작성, 수정 및 공유할 수 있습니다. 댓글 기능으로 의견을 교환할 수도 있습니다. 오른쪽 위의 **'삽입 아이콘'**을 누릅니다.

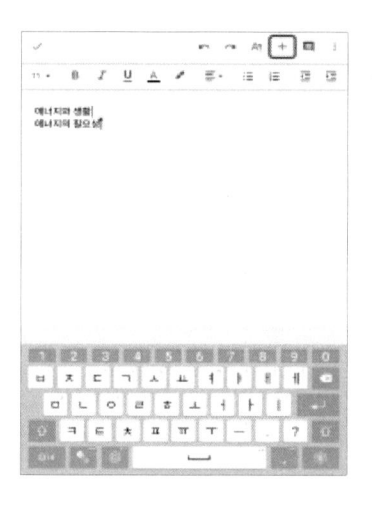

06. 삽입 메뉴 중 **'댓글'**을 선택합니다.

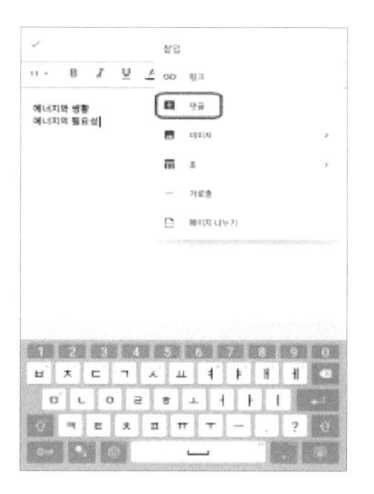

07. 내용을 입력한 뒤 아래의 **'댓글'** 버튼을 눌러 댓글을 입력합니다.

08. 댓글이 입력된 부분에 형광펜으로 표시된 것을 확인할 수 있습니다. 오른쪽 위의 **댓글 아이콘**을 눌러 입력된 댓글을 모두 확인할 수 있습니다.

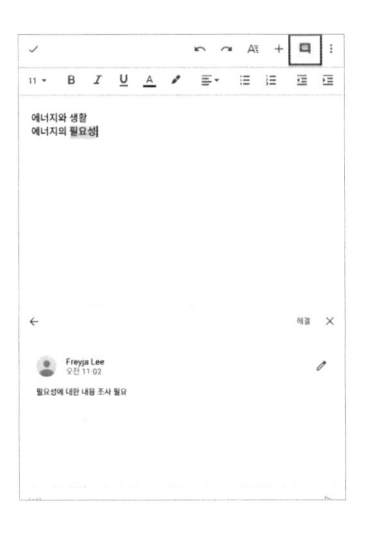

물질

물질의 성질

	사용 앱	[디지털교과서 2018]	QR코드
	기능	학습과 관련된 다양한 콘텐츠 활용 가능	
	지원 OS	안드로이드, iOS	
	개발	KERIS	

성취기준

[4과 01-01] 서로 다른 물질로 만들어진 물체들을 비교하여 물체의 기능과 물질의
성질을 관련지을 수 있다.

[4과 01-02] 크기와 모양은 같지만 서로 다른 물질로 이루어진 물체들은 관찰하여
물질의 여러 가지 성질을 비교할 수 있다.

[4과 01-03] 서로 다른 물질을 섞었을 때 물질을 섞기 전과 후의 변화를 관찰하여
어떤 성질이 달라졌는지 설명할 수 있다.

[4과 01-04] 여러 가지 물질을 선택하여 다양한 물체를 설계하고 장단점을 토의
할 수 있다.

차시 안내

[1차시] 비밀 상자 속 물체 알아맞히기

[2차시] 물체는 어느 재료로 만들어져 있는지 알아보기

[3~4차시] 여러 가지 물질에는 어떤 성질이 있는지 알아보기

[5차시] 물질의 성질은 우리 생활에 어떻게 이용되는지 알아보기

[6차시] 종류가 같은 물체를 서로 다른 물질로 만드는 까닭 알아보기

[7~8차시] 서로 다른 물질을 섞으면 물질의 성질은 어떻게 되는지 알아보기

[9~10차시] 물질의 성질을 이용한 연필꽂이 설계하기

[11차시] 물질의 성질을 정리하기

 **차시 활동**

'과학'이라는 말을 들었을 때 어떤 생각이 드시나요? 어렵다, 복잡하다, 외워야한다, 원소주기율표, 물리, 화학 등이 떠오르시나요? 이런 단어들이 먼저 떠오른다면 아마 과학을 어려워하거나 재미없어하는 가능성이 클 것입니다. 하지만 초등학생들을 대상으로 과목 선호도를 조사 해보면 과학이 의외로 상위권을 차지합니다. 물론 부동의 1위는 '체육'입니다. 왜 초등학생들은 과학에 대한 흥미도가 높을까요? 그 이유는 구체물을 조작할 수 있기 때문이라고 생각합니다. 비커에 물을 붓고, 물체의 무게를 측정하고, 알코올램프에 불을 붙여보는 행동들이 학생들에게 흥미를 일으키는 것입니다.

그런데 2020년부터 이런 과학 과목에 위기가 왔습니다. 바로 코로나 19로 인해 원격수업의 비중이 높아졌기 때문입니다. 원격수업으로 인해 학생들은 학교에 등교하지 않고 집에서 디지털 콘텐츠를 학습하거나 줌(ZOOM), EBS E학습터 등을 이용해 수업을 하게 되었습니다. 내가 직접 해봐야 할 교과서의 각종 실험들이 모니터의 영상으로 밖에 볼 수 없는 것입니다. 이런 식의 과학 수업은 학생들의 과학적 사고력을 증진하기 어렵습니다. 이것은 신기한 마술도 TV에서 보는 것보다 직접 내 눈 앞에서 펼쳐지면 훨씬 재미있고 빠저들게 되는 것과 비슷합니다. 가수들의 노래는 어떤가요? 아무리 좋은 고음질 음원이더라도 공연장에서 실시간으로 듣는 음악에 비할 수 없을 것입니다. 수업도 마찬가지입니다. 통신환경이 좋고 고화질과 고음질의 장비가 갖추어져도 한 공간에서 호흡하는 것은 다릅니다. 학생들의 눈을 바라보고, 바로 옆에서 의사소통하며, '배움'이 일어나고, 확인하는 그 수업을 콘텐츠 수업에서는 구현할 수 없습니다. 원격수업에 익숙해질수록 콘텐츠 수업의 한계를 느꼈습니다. 원격수업의 환경에서도 직접 탐구하며 공부할 방법이 없을까 고민했습니다. 다행히 2021년부터는 대부분의 학교에서 원격수업과 대면 수업을 병행하여 교육과정이 운영됩니다. 대부분의 학교가 1/3 원격수업, 2/3 대면 수업, 이런 식으로 순차적으로 변하며, 학생들이 점차 등교합니다. 이렇게 체계가 잡히자 수업 방식도 이전과는 다르게 재구성하여 블렌디드 교육과정을 운영했습니다.

예를 들어 과학 수업에서 1/3이 원격수업이기 때문에 원격수업에서는 주로 이론적인 부분을 다루거나 실험을 하기 전 실험 설계 단계를 학습합니다. 대면 수업에서는 원격수업에서 학습했던 실험을 과학실에서 모둠별로 빠르고 정확하게 진행하는데 시간을 많이 할애합니다. 처음에는 우려가 많았습니다. 가장 큰 걱정은 '실험 결과를 원격수업에서 학습했는데 실제로 실험하는 과정이 재미있을까?' 하는 것이었습니다. 하지만 이런 걱정은 기우였습니다. 미리 이론적인 부분을 다뤘다고 해서 실험도구를 만지고 직접 해보는 학생들의 열정은 막지 못했습니다.

원격수업에서 이론적인 부분을 보다 체계적이고 학생 주도적으로 학습하기 위한 도구로 이용한 것이 [디지털교과서2018]입니다. 특히 원격수업에서 배우고자 하는 차시의 이론적인 부분을 학습할 때, 학습자가 저학년일수록 더욱 도움이 되었습니다. [디지털교과서2018]가 어떻게 도움이 되었는지 알기 위해서는 [디지털교과서2018]의 특징부터 알아보아야 합니다. [디지털교과서2018]는 한국교육학술원에서 종이교과서의 한계를 넘어 다양한 멀티미디어 자료를 제공하고 스마트 활동을 돕기 위해 제작했습니다. 원격수업에서 주로 이용한 [디지털교과서2018]의 특징은 '멀티미디어 자료' 기능입니다. 멀티미디어 자료들은 저학년 또는 인터넷 활용에 서툰 학생들에게 큰 도움이 됩니다. 학부모님들이나 선생님들께서는 요즘 아이들이 스마트폰에 익숙해 '인터넷으로 원하는 정보를 쉽게 찾을 것이다.'라고 생각하기 쉬운데 전혀 그렇지 않습니다. 대부분의 학생들에게 스마트폰은 친구들과 연락하는 전화, 유튜브 시청, 게임기 정도에 불과하기 때문입니다. 스마트폰을 이용해 검색을 위해 검색어를 입력하는 것은 학생들에게는 막막한 일입니다. 실제로 스마트기기를 이용한 탐구학습에서 가장 자주 받는 질문은 이런 것들입니다.

"선생님, 뭐라고 검색해야 해요?"

"선생님 뭘 찾아야 할지 모르겠어요."

광활한 인터넷의 정보의 바다가 학생들에게는 오히려 막막한 공간이 될 수도 있는 것입니다. 이런 학생들에게 [디지털교과서2018]는 수업에 필요한 멀티미디어 콘텐츠에 쉽게 접근할 수 있도록 해줍니다. 교과서에는 없지만 수업과 관련된 동영상, 사진 자료 등을 수록하고 있고, 학습에 도움 되는 사이트를 소개하거나 링크로 연결해주기도 합니다. [디지털교과서2018]을 어떻게 활용하여 원격수업과 대면 수업을 병행했는지 구체적 예시를 소개합니다.

3학년의 '물질의 성질' 단원은 학생들이 처음 마주하는 과학 단원입니다. 이 단원에서는 주변에서 흔히 접할 수 있는 물체를 관찰하는 것부터 시작합니다. 주변에 있던 물체를 관찰하면서 무엇으로 이루어져 있는지 호기심을 갖고 물체를 이루고 있는 물질의 성질과 기능의 연결고리를 생각해보게 됩니다. 물체의 사용 용도가 지닌 다양한 성질 때문이라는 점을 처음 생각해보는 셈입니다. 예를 들어 주변의 물체인 가위를 관찰하고 가위가 철과 플라스틱으로 이루어졌다는 것을 알게 됩니다. 이후 '가윗날이 왜 철로 이루어졌을까?', '가위 손잡이 부분은 왜 플라스틱으로 이루어졌을까?'를 생각해보며 물질의 성질에 따라 이용이 다르다는 것을 알게 되는 것입니다.

2차시인 '물체가 어떤 재료로 만들어졌는지 알기'에서는 '물질'은 무엇이고 '물체'는 어떤 재료로 이뤄졌는지 확인합니다. 고무장갑, 나무의자, 플라스틱 바구니 등 물체를 보고 '고무장갑은 고무로 이루어졌구나!', '나무의자는 나무로 만들어졌네!' 처럼 물체가 어떤 물질로 이루어졌는지 확인하는 것입니다. 교과서에서는 실제 보드게임처럼 할 수 있게 되어있어 재미있게 수업이 이루어질 수 있습니다. 하지만 주사위나 말판 등을 갖추기 어렵거나 원격수업 상황에서는 [디지털교과서 2018]로 각 물체를 구성하는 물질들을 수록했습니다. 학생들은 장소를 선택하고 물체를 고른 뒤 물체가 어떻게 이뤄졌을지 이야기하며 짝 또는 개별 활동을 할 수 있습니다.

3, 4차시인 '여러 가지 물질의 성질 알기'에서는 여러 가지 물질의 성질을 탐색합니다. 직접 만져보며 단단한 정도, 휘는 정도, 물에 뜨는 정도 등을 관찰할 수 있습니다. 이 차시는 학생들이 다양한 물질을 최대한 많이 경험해봐야 합니다. 실물 자료로 활동해보는 것이 좋지만 자료를 마련하기 어렵다면 앞 차시에서 앱을 통해 배치해본 물체와 물질을 활용하여 각 물질의 성질을 말할 수 있습니다. 또는 집에서 물체를 찾아보고 어떤 물질로 이루어졌는지 사진을 찍어보는 활동도 할 수 있습니다. 이렇게 찍은 사진들을 [디지털교과서 2018]의 학급 커뮤니티 게시판에 올려보고 확인하는 활동으로도 활용할 수 있습니다. 이 사진들은 이후 5차시에도 유용하게 이용될 수 있어 일석이조입니다.

5차시 '물질의 성질이 생활에서 이용됨을 알기'에서는 좀 더 실제 물체를 찾아보면서 이루는 물질을 찾아보도록 합니다. '물질의 성질' 단원은 학생들의 실제 주변 환경에서 과학적 요소들이 드러나는 단원입니다. 이 단원에서는 최대한 실물을 만지고, 보고, 냄새 맡는 등 실제 경험을 해보면 좋습니다. 물체를 만져보기만 하는 활동은 학생들이 자칫 지루해할 수 있지만, 앱 활용과 실제 경험을 적절히 배분하면 즐겁게 공부하는 학생들의 모습을 볼 수 있습니다. 이때 원격수업 때 올렸던 물체 사진들도 적절히 제시하면 훨씬 더 다양한 물체의 종류들과 물질의 이용 사례를 배울 수 있습니다.

6차시는 서로 다른 물질로 만드는 까닭을 알아봅니다. 이 차시에서는 여러 종류의 컵을 살펴봅니다. [디지털교과서 2018]을 활용하면 실험 과정을 동영상으로 자세히 살펴볼 수 있습니다. 과학실에서 실험할 경우 종이컵, 금속컵, 플라스틱컵, 도자기컵, 유리컵 등 다양한 컵을 비교해볼 때, 컵을 깨뜨리지 않도록 안전을 강조하고 또 강조해야 합니다. 비닐장갑, 고무장갑, 면장갑, 가죽장갑 등 서로 다른 물질로 만들어진 장갑도 살펴봅니다.

7, 8차시에서는 서로 다른 물질을 섞어보기 위해 붕사와 폴리비닐 알코올을 섞어서 탱탱볼을 만듭니다. 학생들 입장에서는 실험다운 실험은 처음인 데다 많은 학생들이 좋아하는 탱탱볼을 직접 만들기 때문에 기대가 무척 큽니다. 하지만 3학년 학생들은 실험 시 주의사항에 익숙하지 않아 가루를 맨손으로 만지거나 맛보기도 합니다. 그러지 않도록 꼭 강조합니다. [디지털교과서 2018]에는 탱탱볼을 만드는 과정이 동영상으로 수록되어 있어 원격 수업에서 활용도가 높습니다. 일반 과학 수업에서도 탱탱볼을 만드는 과정을 잘 이해하지 못하는 학생들이 많기 때문입니다. 이렇게 원격 수업에서 탱탱볼을 만드는 과정을 숙지한 후 대면 수업 시간에는 실제로 탱탱볼을 만드는 실습을 합니다. 탱탱볼이 만들어진 다음에는 이리저리 던지려는 학생이 없는지 주의 깊게 살핍니다. 이 실험은 가루를 사용하므로 책상에 비닐 등을 깔아놓고 실험을 시작하는 것이

좋습니다.

물을 너무 많이 넣으면 가루가 잘 뭉쳐지지 않기 때문에 100㎖ 정도만 적당히 넣습니다. 온도가 너무 뜨거우면 아이들이 만지기 어려우니 적당히 찬물과 섞어줍니다. 또한, 폴리비닐 알코올을 넣은 뒤에 많이 저으면 덩어리가 잘 생기지 않습니다. 15분 정도 지나면 단단하게 굳습니다. 가만히 둔 채 굳히면 찌그러질 수도 있으므로 손으로 주고받으면서 굳힐 수 있도록 합니다. 아이들이 즐겨 갖고 노는 탱탱볼 장난감을 만드니 집중도와 반응이 매우 좋습니다.

9, 10차시 물질의 성질을 이용한 연필꽂이 설계하기에서는 다양한 예시를 보면 설계하는 데 도움이 됩니다. [디지털교과서 2018]에 다양한 예시가 나와 있으므로 활용하면 도움이 됩니다. 학생들은 이 단원에서 수업 시간에 거의 처음 스마트기기와 앱을 활용합니다. 앱을 활용하여 수업한 소감을 발표해보도록 하면 다양한 소감이 나옵니다.

"1, 2학년보다 훨씬 컸다는 생각이 들어요."

"TV 보면서 하는 것보다 집중도 잘되고 참여하는 느낌이 들어요."

과학 수업 시간에 앱을 활용하면 이렇게 재미있게 학습효과를 높일 수 있습니다.

01. [디지털교과서 2018] 앱을 실행한 뒤 로그인합니다. 회원가입이 필요할 경우 에듀넷 티-클리어에 접속해 가입합니다.

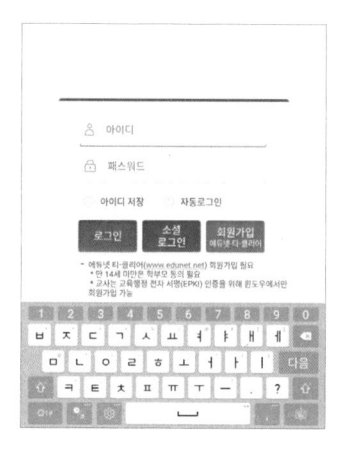

02. 디지털교과서를 사용하기 위해 화면 중앙의 **'디지털교과서 내려받기'**를 누릅니다.

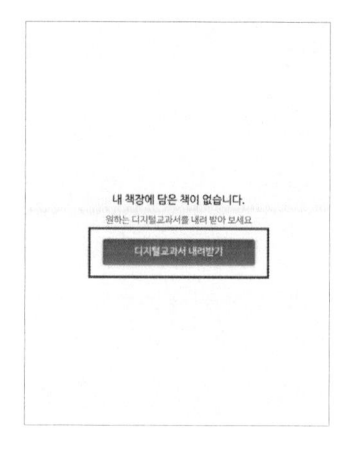

03. 필요한 교과서를 선택해 내려받습니다. **'과학 3-1'**을 누릅니다.

04. 내려받기를 원하는 단원을 선택한 뒤, 오른쪽 중앙의 **선택한 책 내려받기**를 눌러 교과서를 내려받습니다.

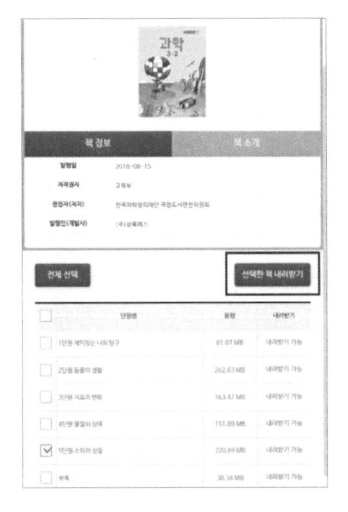

05. 내려받기가 완료된 교과서는 '내 서재'에서 열어볼 수 있습니다.

06. 교과서 하단의 메뉴 중 **'차례'**를 눌러서 교과서에 포함된 자료를 확인할 수 있습니다.

07. 차례에서 '교과서 차례'와 '콘텐츠 차례'를 볼 수 있습니다.

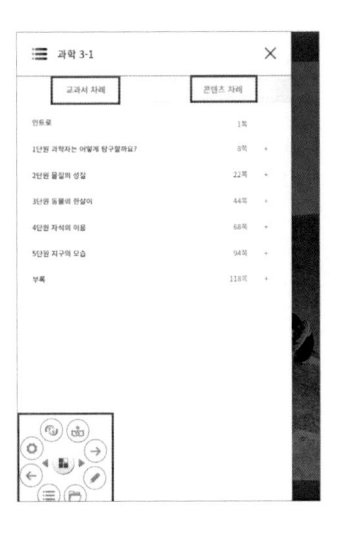

08. 왼쪽 하단 메뉴의 **양옆 화살표**를 눌러서 페이지를 이동할 수 있습니다.

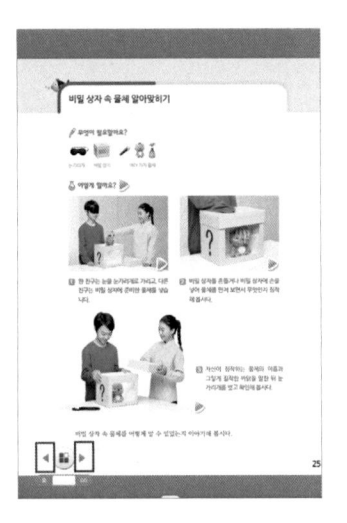

09. 실험 안내에서 '**재생**' 버튼을 누르면 실험이 진행되는 과정을 영상으로 볼 수 있습니다.

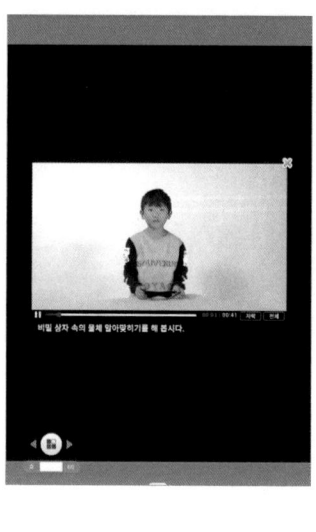

10. 교과서 내에서 다양한 활동을 할 수 있습니다. 물체를 끌어다가 놓아서 알맞은 물질과 배치할 수 있습니다.

11. 물체를 끌어다가 알맞은 물질과 배치한 모습입니다.

12. 친구와 함께 단원과 관련된 내용으로 말판놀이를 할 수 있습니다.

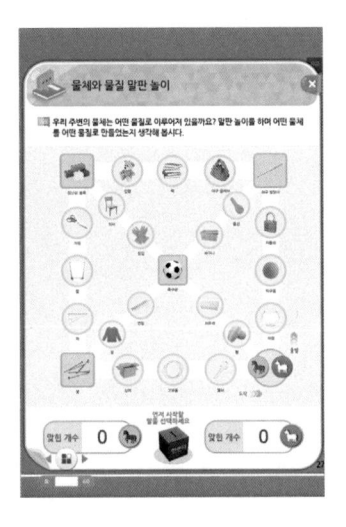

13. 차시별로 마무리 퀴즈를 확인하고 풀어볼 수 있습니다.

14. 단원 마지막 차시에서는 스스로 평가하며 별의 개수를 표현해보고 배운 내용을
    정리해볼 수 있습니다.

물질의 상태

	사용 앱	[Plickers]	QR코드
	기능	Plickers 카드를 스캔해 설문조사, 문제 답변을 즉시 확인하고 통계를 내어 저장할 수 있음	
	지원 OS	안드로이드, iOS	
	개발	Plickers	

성취기준

[4과07-01] 고체와 액체의 성질을 용기에 따른 모양과 부피 변화를 관찰해 설명

할 수 있다.

[4과07-02] 기체가 공간을 차지하고 있음을 알아보는 실험을 할 수 있다.

[4과07-03] 기체가 무게가 있음을 알아보는 실험을 할 수 있다.

[4과07-04] 우리 주변의 물질을 고체, 액체, 기체로 분류할 수 있다.

차시 안내

차시 활동

'우리 주변의 물체가 세 가지 상태로 이루어져 있는 것을 알고 있나요?'라고 질문을 했을 때 학생들은 어떤 의미인지 잘 모르겠다며 고개를 흔듭니다. 그러나 패스트푸드점에서 마시는 음료의 내용물인 사이다, 얼음, 기포로 예를 들면 학생들은 알고 있다며 적극적으로 발표를 합니다. '고체, 액체, 기체'라는 용어는 잘 모르지만 세 가지 상태에 대한 직관적인 개념을 갖고 있는 것이죠. 이처럼 고체, 액체, 기체는 일상 속에서 쉽게 접할 수 있는 개념이지만, 초등학교 저학년 학생들은 '딱딱한 것은 고체, 흐르는 것은 액체, 공중에 떠다니는 것은 기체'처럼 두루뭉술하게만 알고 있습니다. 그러다 3학년 2학기 4단원에서 처음으로 '물질의 상태'란 무엇인지에 대한 개념을 배웁니다. 대부분 고체에 대해서는 비교적 쉽게 이해하지만, 모양이 일정하지 않은 액체나 눈에 보이지 않는 기체의 특징은 알아내기 어려워합니다. 차시를 진행하다 보니 다양한 활동 과정에서 물질의 상태에 대한 이런저런 오개념이 생기는 모습이 많이 보였습니다. 어떻게 해야 이 단원의 실험과 활동을 단순한 놀이가 아니라 정확한 개념을 익히는 학습 과정으로 만들 수 있을지 많이 고민했습니다.

1차시 '광고 풍선 만들기'는 직관적으로 공기의 존재를 인식하는 활동입니다. 누구나 새로 생긴 가게 앞에서 춤추는 광고 풍선을 본적 있을 것입니다. 이 차시에서는 광고 풍선을 직접 만들어보는데, 페트병 입구에 비닐장갑을 끼워 고무줄로 묶은 뒤 물이 담긴 수조에 페트병을 넣고 위아래로 움직여봅니다. 페트병을 물 아래로 누르면 비닐장갑이 팽팽해지고, 물 위로 들어올리면 쭈글쭈글해집니다. 학생들은 페트병을 수조 안으로 누를 때 팽팽해지는 비닐장갑의 모습에 장갑 안의 물질이 고체와 다른 것이라는 사실을 깨닫습니다. 비닐장갑의 내구성이 좋지 않으면 구멍이 나서 팽창하지 않을 수도 있으니 이 부분을 유의해서 학생들이 팽팽해지는 공기와 찰랑이는 물의 차이를 보고 호기심을 느낄 수 있도록 해야 합니다.

2차시는 '나무막대, 물, 공기 비교하기'입니다. 나무막대와 물, 공기를 눈으로 관찰하고 손에서 손으로 전달합니다. 학생들은 보통 '공기를 손으로 잡을 수 있다.'는 오개념을 많이 갖고 있습니다. 공기가 담긴 풍선이나 연기를 본 경험이 있기 때문입니다. 하지만 나무막대-물-공기를 비교해보고 손으로 전달하면서 공기는 눈에 보이지 않고, 만질 수 없다는 것을 깨닫습니다. 참고로, 이 실험에서는 학생들이 바닥에 물을 많이 흘립니다. 자칫 미끄러질 수 있으니 주의를 주는 것이 좋습니다.

3, 4차시에서는 고체와 액체에 대해 학습합니다. 3차시에서는 나무 막대와 플라스틱 막대를 관찰하고 4차시에서는 물과 주스를 관찰합니다. 담긴 그릇에 따라 고체인 막대기의 모양이 변하지는 않지만, 액체인 물과 주스는 담긴 그릇에 따라 모양이 달라집니다. 이때 '진흙은 액체다.'라는 오개념을 갖는 학생들도 있습니다. 입자가

고운 가루나 모래 등은 마치 액체가 흐르는 것처럼 보이므로 착각하기 쉽습니다. 모래나 진흙은 입자가 매우 작은 고체이기 때문에, 흐르는 모래나 진흙도 고체임을 알려줘야 합니다.

5~8차시에서는 공기의 상태, 무게 등을 배웁니다. 5차시에서는 풍선에 바람을 넣었다가 입구에 놓으면서 나타나는 현상, 수조 속에 페트병을 넣고 눌렀을 때 올라오는 공기방울, 주사기의 피스톤을 당긴 뒤 물속에 넣고 밀 때 나타나는 변화를 관찰하면서 공기의 존재를 확인합니다.

6, 7차시에서는 공기가 공간을 차지하는지 알아보기 위해 플라스틱 컵을 수조 안에 집어넣고 수조 안의 물의 높이 변화를 관찰합니다. 실험만으로 기체가 공간을 차지한다는 것을 알기 어려울 때는 공기가 공간을 차지하는 성질을 활용한 다양한 예시를 제시합니다. 에어바운스, 자전거 타이어, 튜브 등의 예를 들어주면 좀 더 이해하기 쉽습니다.

8차시에서는 공기에 무게가 있는지 확인하기 위해 페트병 입구에 공기 압축마개를 끼우고 페트병의 무게를 측정해봅니다. 공기 압축마개를 눌러 페트병이 팽팽해질 때까지 공기를 채우고 실험 전과 후의 무게를 비교해봅니다. 이때 페트병이 너무 작거나 공기주입 횟수가 적으면 무게 변화가 잘 나타나지 않기 때문에 유의해야 합니다.

공기의 기본적인 성질은 다음과 같습니다.

---

1. 공기는 지구 표면 어디에나 있다.
2. 공기는 공간을 차지한다.
3. 공기는 항상 움직인다.

위 세 가지 개념은 학생들이 쉽게 이해하지만, '기체는 질량을 갖는다.'라는 개념을 이해하는 데는 어려움을 겪습니다. 공기가 많아지면 가벼워져서 뜬다는 오개념을 갖기도 합니다. 애니메이션이나 만화에서 공기를 풍선에 넣으면 떠오르는 장면을 봤기 때문입니다. 이 밖에도 학생들은 '공기는 무한히 압축할 수 있다.'고 착각합니다. 공기가 직접적으로 느껴지지 않기 때문이지요.

눈에 보이지 않기 때문인지 학생들은 물질의 상태 중 기체에 대해 가장 오개념을 많이 갖습니다. 그렇지만 이 외에도 물질에 관한 오개념은 다양합니다. 과학적 탐구가 이뤄지기 전, 이야기나 자신만의 생각으로 만들어진 잘못된 개념이 고착된 탓입니다. 그래서 수업 전에 간단한 퀴즈로 학생들의 오개념을 바로잡아준다면 이후 학습에 도움이 됩니다. 이때 스마트기기를 활용하면 학생들의 흥미를 끌 수 있을 뿐만 아니라, 통계 내고 채점하기도 매우 편리해집니다. 빨간색 연필로 동그라미를 칠 필요도, 점수가 몇 점임을 굳이 계산할 필요도 없어지니까요. 다만 수업의 초반 동기유발 및 오개념 점검을 위해 개개인 모두에게 스마트기기를 배부했다가 걷는 것이 짧은 수업 시간에 번거로울 수 있습니다.

[Plickers]로 이런 문제점을 한 번에 해결할 수 있습니다. 문제를 제출하는 방식은 [Kahoot!] 이나 네이버 폼, 구글 설문지 작성 등과 비슷합니다. 사전에 교사가 문제를 작성하고 TV 화면이나 전자칠판에 문제를 보여주면 학생들이 맞히는 시스템입니다. 하지만 답변 방식은 전혀 다릅니다. 예를 들어 [Kahoot!]의 경우 구성원 모두가 스마트기기를 소지해야 학생들이 답변을 제출할 수 있지만, [Plickers]는 학생들에게 [Plickers] 정답 표시판을 프린트해서 나눠주고 자신이 생각한 정답이 표시되도록 방향에 맞게 들어올리면 끝입니다. 즉, 문제를 내는 교사만 스마트기기를 준비하면 학생들은 스마트기기가 필요 없습니다. 교사가 학생들이 든 [Plickers] 판을 카메라로 스캔하면 누가 문제를 맞혔고 틀렸는지 바로 알 수 있습니다. 사용한 [Plickers] 판은 재사용이 가능해 학기 초에 [Plickers] 판을 학생 수대로 만들어놓으면 유용한 수업 교구가 됩니다.

매 차시마다 개념 점검용으로 활용할 수 있으며, 2차시 수업의 경우 시작하면서 [Plickers]로 물, 공기, 나무막대에 대한 퀴즈를 내고 오개념을 파악했습니다. '공기를 손으로 잡을 수 있다.'라고 답변한 학생들이 많아서 수업 중에 공기는 손으로 잡을 수 없다는 것을 알 수 있도록 신경 써서 개념을 다루었습니다. 이처럼 [Plickers]로 간단히 학생들의 오개념을 확인해보면서 정확한 개념을 잡는 과정을 반복한다면 이후 학습에 도움이 될 것입니다.

▶교사의 질문에 학생들이 [Plickers]
  답변지로 대답

▶학생들의 답변지를 스캔

▶결과 확인

01. [Plickes] http://get.plickers.com에 회원가입합니다.

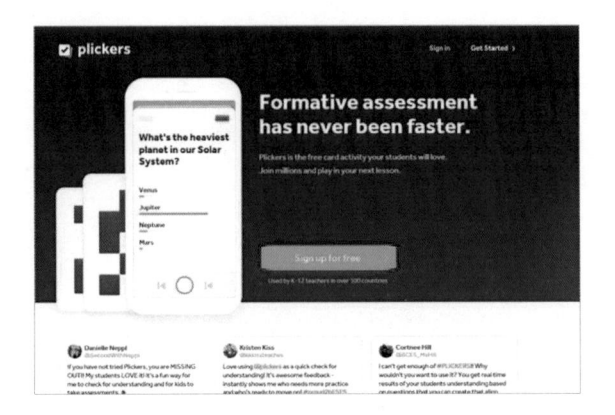

02. 이름, 메일주소, 비밀번호 입력만으로 쉽게 회원가입할 수 있습니다.

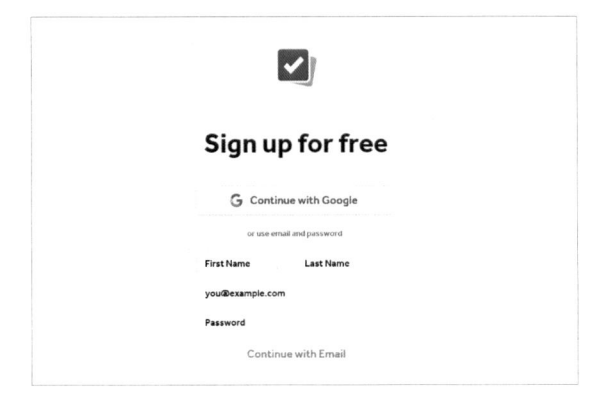

03. 회원가입을 마치면 아래 사진같이 나의 보관함으로 접속할 수 있습니다.

04. 왼쪽 메뉴의 '**New Class**'를 눌러 설문조사나 문제 답변을 통계 낼 학급을 개설합니다. 학급 이름을 적고 '**Create Class**'를 누르면 학급이 개설됩니다.

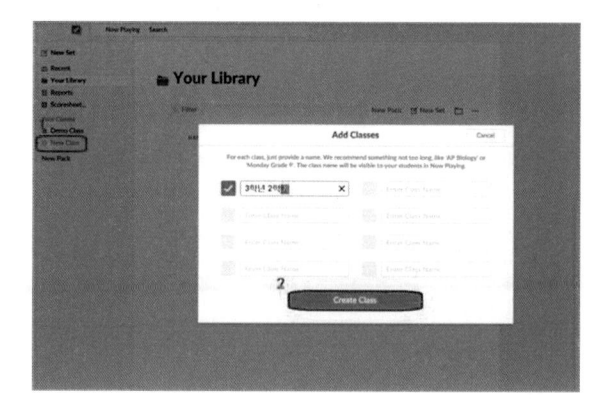

05. '**Add students**'로 학생을 추가할 수 있습니다.

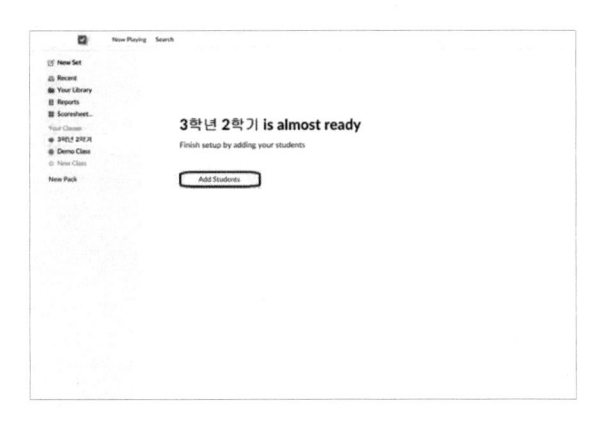

06. 왼쪽 메뉴의 '**Your Library**'에서 학생들에게 보여줄 문제나 설문지를 제작합니다.
    '**New Set**'을 눌러서 제작을 시작합니다.

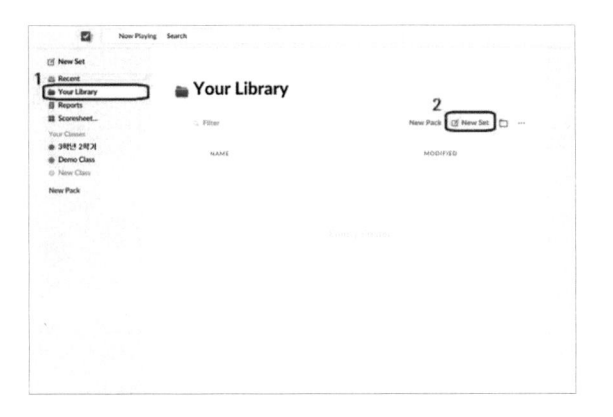

07. 문제와 선택지를 입력합니다. 중앙 상단의 '**Graded**'를 누르면 정답이 있는 문제를, '**Survey**'를 누르면 설문지를 만들 수 있습니다.

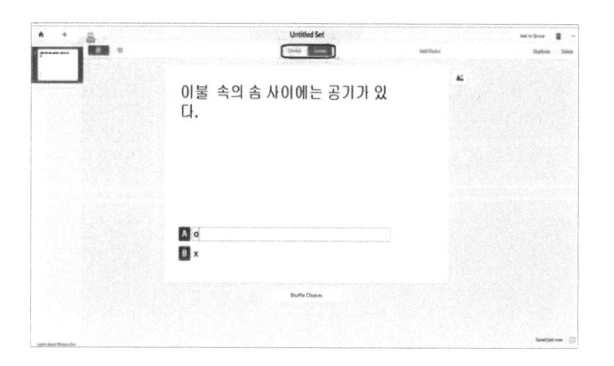

08. 문항의 정답을 기록하기 위해 키보드의 **Shift**와 **Enter** 버튼을 동시에 누릅니다.

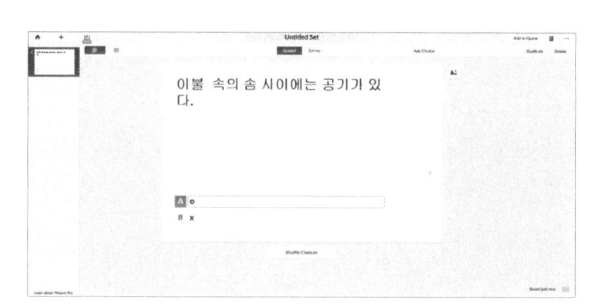

09. 왼쪽 위의 '+' 버튼을 눌러 문제를 추가합니다.

10. 중앙 상단의 'Survey'를 눌러서 설문조사 질문을 만들 수 있습니다.

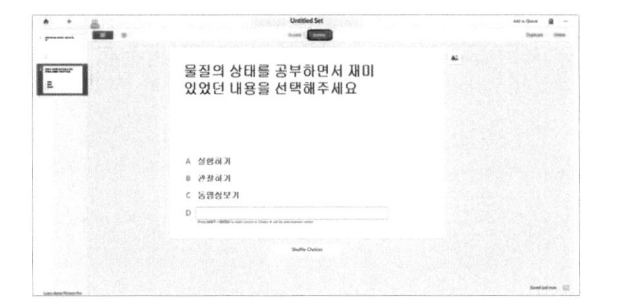

11. **중앙 상단**을 눌러서 문제지의 제목을 입력할 수 있습니다.

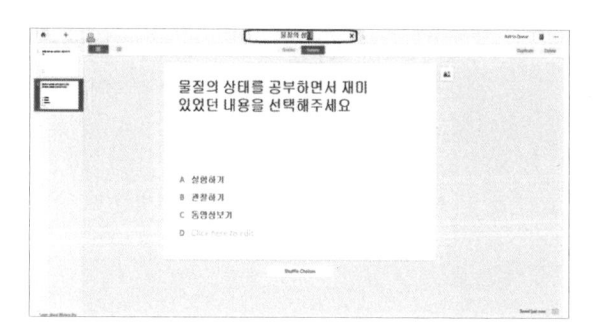

12. 제작한 문항들은 자동으로 저장되고, 나의 보관함(Your Library)에서 확인할 수 있습니다.

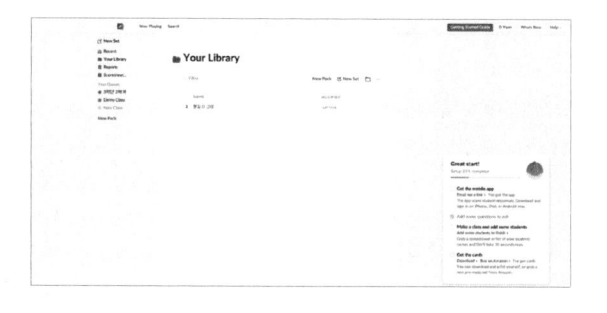

13. 05의 '나의 학급'에서 **'Add students'**를 눌러 학생을 추가해봅니다. 먼저 학생의 이름을 입력합니다.

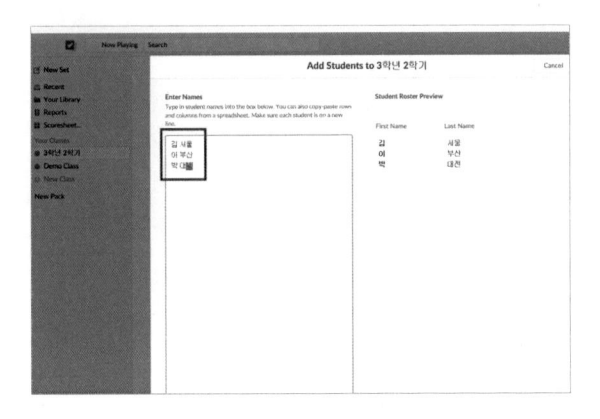

14. 이름을 적은 순서대로 번호를 부여할지, 가나다순으로 번호를 부여할지 선택합니다.

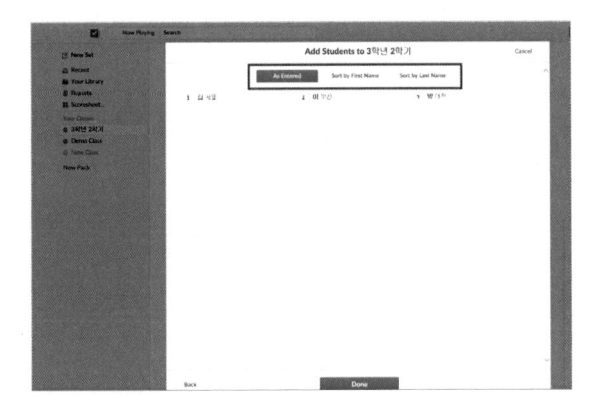

15. 학생을 등록한 후 **'ADD'** 버튼을 눌러 보관함에서 만든 문제를 추가해봅니다.

16. 앱을 활용하기 위한 기본 준비가 끝났습니다. 오른쪽의 **'Download'** 버튼을 눌러 학생들에게 나눠줄 스캔 카드를 인쇄합니다.

17. 카드를 인쇄해서 Class에 등록한 학생의 번호에 맞게 나눠줍니다. A, B, C, D 중 대답하고 싶은 문항이 위로 향하게 들도록 안내합니다.

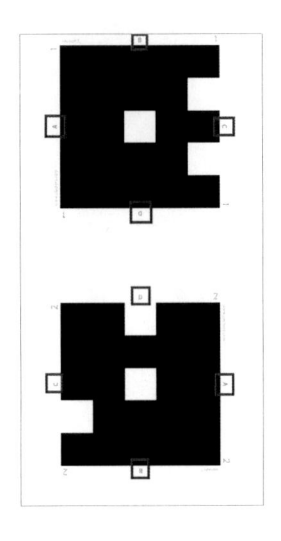

18. 스마트기기에 앱을 설치해서 로그인합니다. 웹사이트에서 등록한 나의 Class를 기기로 확인할 수 있습니다.

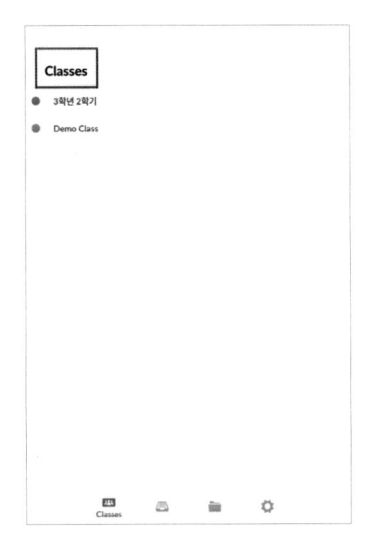

19. 웹사이트에서 화면을 보여주고 '**Play Now**' 버튼을 누르면 앱에서도 진행중인 상태를 확인할 수 있습니다.

20. 앱에서 진행 중인 문제를 누르면 학생들의 답변을 스캔할 수 있는 버튼이 나타납니다.

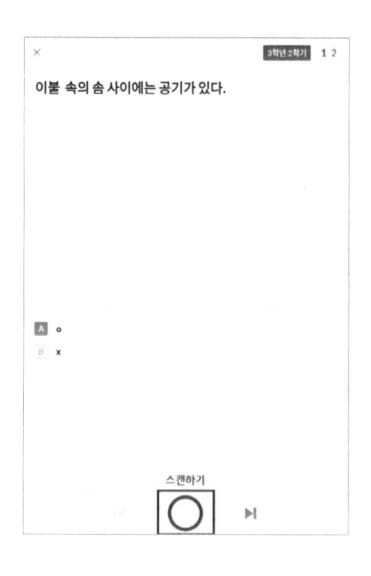

21. 학생들에게 질문 화면을 보여주고 자신이 고르고 싶은 답변 기호가 위를 향하게 카드를 들도록 안내합니다. 화면으로 카드를 든 학생들을 스캔하면 통계를 즉시 확인할 수 있습니다.

22. 각각의 학생이 어떤 답변을 했는지 앱에서 실시간으로 확인할 수 있습니다.

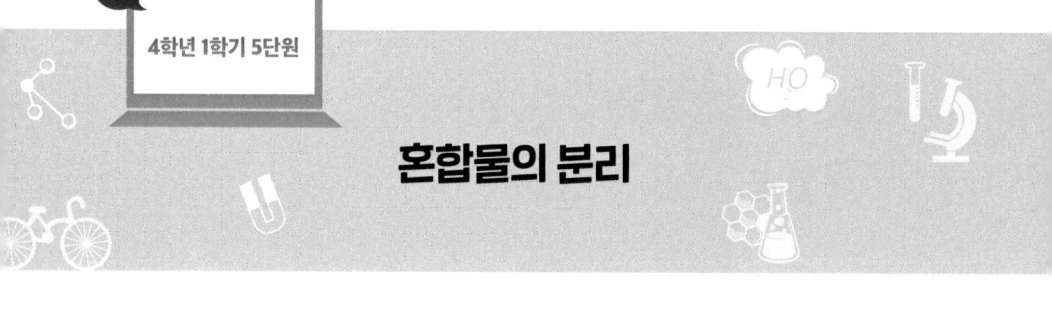

혼합물의 분리

	사용 앱	[SimpleMind Lite]	QR코드
	기능	브레인스토밍한 생각을 기록하고 정보를 시각적으로 구성해 마인드맵을 만들 수 있음	
	지원 OS	안드로이드, iOS	
	개발	ModelMaker Tools	

성취기준

[4과12-01] 일상생활에서 혼합물의 예를 찾고 혼합물 분리의 필요성을 설명할 수 있다.

[4과12-02] 알갱이의 크기와 자석에 붙는 성질로 고체 혼합물을 분리할 수 있다.

차시 안내

차시 활동

과학 교과를 원활히 학습하려면 과학적 탐구 능력의 신장이 필요합니다. 여기서 과학적 탐구 능력은 과학적 문제 해결을 위해 실험, 조사, 토론 등 다양한 방법으로 증거를 수집·해석·평가함으로써 새로운 과학 지식을 얻거나 의미를 구성해 가는 것을 말합니다. (초등학교 과학 6-1학기 교사용 지도서) 과학적 탐구를 위해서는 기능과 지식을 통합해 적절히 사례에 적용하고 활용하는 능력이 필요합니다. 이것은 과학 교과를 배우기 위한 가장 기본 능력입니다.

복잡한 실험을 통한 발견이나 과학적 원리를 탐구하는 경험만이 탐구 능력을 신장시키는 것은 아닙니다. 저·중학년 수준에서도 충분히 신장시킬 수 있습니다. 예를 들어, '분류'는 학생들이 저학년일 때부터 배운 과학적 탐구 방법입니다. 1학년 봄 교과서에서 봄에 볼 수 있는 동식물을 색깔별로 분류하기, 움직일 수 있는 것과 없는 것으로 분류하기, 날 수 있는 것과 없는 것으로 분류하기 등이 이에 해당합니다. 초등학교 과학 수업에서도 분류는 여러 번 활용됩니다. 3학년 1학기 3단원, '동물의 한살이'에서는 알을 낳는 동물과 새끼를 낳는 동물을 분류합니다. 3학년 2학기 2단원 '동물의 생활'에서는 땅에 사는 동물, 사막에 사는 동물, 물에 사는 동물, 날아다니는 동물을 분류합니다. 4학년 1학기 5단원 혼합물의 분리 단원 또한 분류하는 활동을 주 활동으로 단원을 구성합니다.

우리 주변에서 볼 수 있는 물질은 대부분 둘 이상의 물질로 구성된 혼합물입니다. 김밥, 국수, 팥빙수 등 음식뿐만 아니라 바다, 동전 등 대부분 생활 속에서 볼 수 있는 많은 물질이 혼합물입니다. 이 단원에서는 필요한 물질을 얻기 위해서 혼합물을 분리하는 것이 중요함을 알고 다양하게 분리하는 활동을 합니다.

2차시에서 4차시까지는 혼합물에 대한 기본 개념을 학습하며, 혼합물을 분리하면 좋은 점에 대해 알아봅니다. 2차시에서는 여러 간식을 섞어보며 물질의 성질이 변하지 않은 채 섞여 있는 것을 관찰하며 혼합물이라는 개념을 접합니다. 이 수업은 보통 7월 즈음에 하므로, 혹시라도 식재료로 수업할 때는 위생과 식중독에 각별히 유의해야 합니다. 3, 4차시에서 혼합물을 분리하면 좋은 점을 알기 위해 철광석, 구리, 소금 등 다양한 예를 제시하고, 혼합물에서 분리된 물질을 이용하여 원하는 다양한 물질을 만들 수 있음을 알아봅니다.

5차시에서 8차시까지는 각각의 혼합물을 분리하는 실험입니다. 5차시에서는 콩, 팥, 좁쌀의 혼합물 간의 크기 차이를 체를 활용하여 분류합니다. 첫 번째 체는 콩만 걸러지지 않는 크기의 체를 준비해 팥과 좁쌀을 분류합니다. 두 번째 체에서는 앞서 걸러진 팥, 좁쌀을 체에 부어 좁쌀만 거릅니다. 이 같은 방식으로 세 가지 혼합물을 알갱이의 크기에 따라 분류합니다. 콩, 팥, 좁쌀을 준비하기 어려우면 크기와 종류가 다른 구슬들로 대체해서 수업할 수 있습니다.

6차시에서는 자석에 붙는 성질과 붙지 않는 성질로 구슬들을 분류하는 활동이 이뤄집니다. 이때 학생들이 장난을 치면서 구슬을 삼키지 않도록 유의해야 합니다.

7, 8차시에서는 물에 녹는 소금의 성질을 이용한 분류 수업이 이뤄집니다. 소금과 모래의 혼합물을 물에 녹인 뒤 거름 장치를 통해 모래를 걸러내고 남은 소금물을 증발 접시에 끓여 소금을 걸러냅니다. 이를 통해 거름과 증발의 개념을 이해합니다. 일상생활에서 거름과 증발의 개념을 많이 사용하기 때문에 학생들은 다양한 예시를 적극적으로 발표합니다. 요리할 때나 차 마실 때, 혹은 소금을 얻는 방법에 대해 거름과 증발이 이용된다는 것을 잘 알고 있습니다.

'분류'를 활용한 적절한 수업 기법으로는 마인드맵 활동이 있습니다. 마인드맵을 통해 어떤 물질의 혼합인지, 어떻게 분리하는지 학습 내용을 정리할 수 있습니다. 직접 분류해보기에도 활용할 수 있습니다. 이런 활동은 혼합물 분리의 필요성과 유용성을 깨닫는 데 도움이 됩니다. 이 밖에도 마인드맵 수업 효과는 아래처럼 검증됐습니다.

첫째, 마인드맵은 학생들의 생각을 확장한다.
둘째, 마인드맵은 저학년, 중학년 수준의 학생들에게 효과가 크다.
셋째, 마인드맵을 작성하면서 학생들은 자연스럽게 이전 학습 내용과 오늘 학습 내용을 연관 지을 수 있다.

넷째, 마인드맵에 적은 단어만으로 의미와 이미지까지 상기 시켜 기억력과 이해력을 높일 수 있다.

최근에는 마인드맵을 일일이 그리는 대신 스마트기기로 쉽게 그릴 수 있습니다. 만든 마인드맵을 저장하고 공유할 수도 있어 복습할 때도 유용합니다. 많은 마인드맵 앱 중에서 [SimpleMind Lite] 앱이 무료로 사용할 수 있고, 한글을 지원해서 학생들이 사용하기 좋았습니다. 직관적인 인터페이스로 필요한 기능만 쏙 들어가 있어서 쉽게 마인드맵을 그릴 수 있습니다. 이 마인드맵은 과학 교과뿐만 아니라 국어, 사회, 수학 등 다양한 수업에서도 사용할 수 있습니다. 특히 단원이 끝날 때 배운 내용을 마인드맵으로 작성해보는 활동은 학생들의 사고력 발달에 큰 도움이 됩니다.

01. [SimpleMind Lite] 앱 화면에서 새로운 마인드맵을 추가하기 위해 **왼쪽 상단의
    메뉴 아이콘**을 누릅니다.

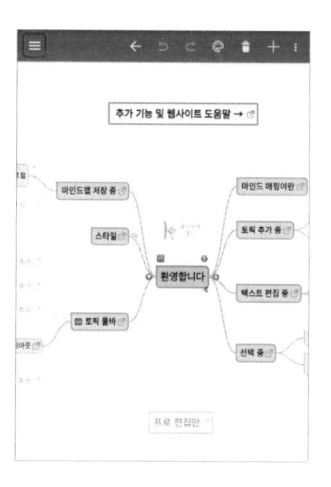

02. **오른쪽 상단의 + 아이콘**을 누르면 새로운 마인드맵을 추가할 수 있습니다.

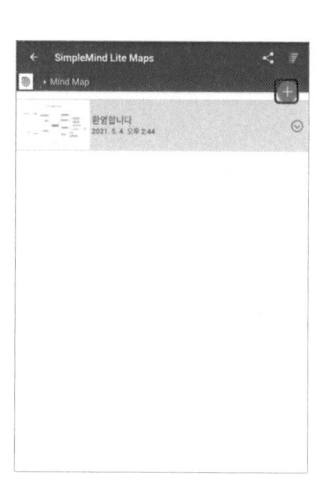

03. 마인드맵의 제목, 즉 중심 주제를 입력한 뒤 **'확인'** 버튼을 누릅니다.

04. 마인드맵 정 중앙에 중심 주제 단어가 생성되었습니다. 지정된 항목의 **오른쪽 '+'** 를 눌러 하위 주제를 추가할 수 있습니다.

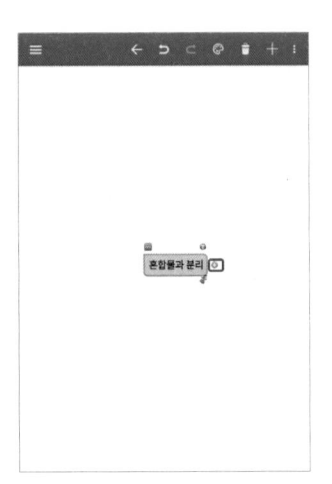

05. 하위주제의 제목을 입력합니다.

06. 지정된 항목의 위에 있는 ⋯ **아이콘**을 눌러 항목 메뉴를 불러들입니다.

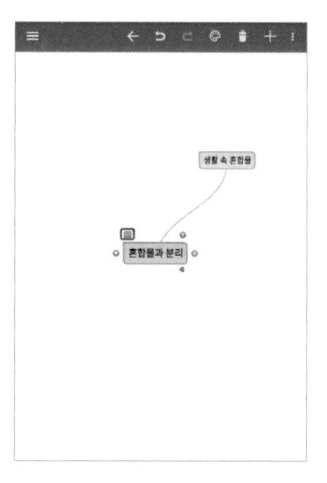

07. 항목 메뉴에서 **가위 모양** 아이콘을 누르면 항목을 삭제할 수 있습니다. 오른쪽
끝의 아이콘을 눌러 레이아웃의 모양을 지정할 수 있습니다.

08. 자율 형식 레이아웃은 자유롭게 항목의 위치를 지정할 수 있고, 수평 레이아웃
의 경우 항목들이 수평으로 정렬됩니다.

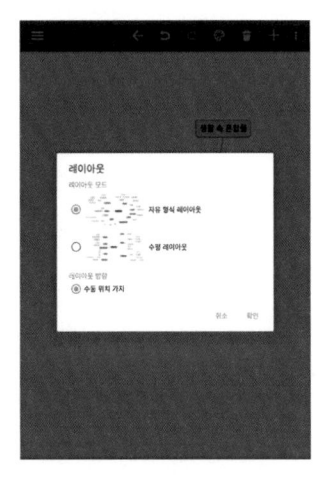

09. 상단의 **팔레트** 아이콘을 클릭하면 레이아웃을 변경할 수 있습니다.

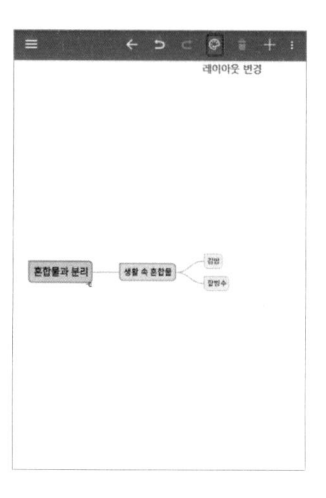

10. 다양한 색감과 디자인의 레이아웃을 선택할 수 있습니다.

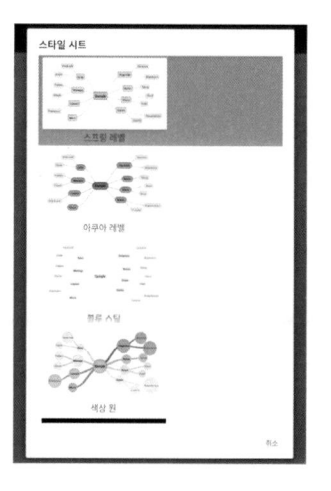

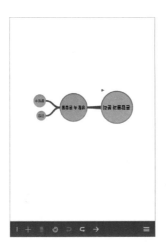

11. 레이아웃이 변경됩니다. 원하는 마인드맵을 정리 그림 그릴 수 있습니다.

물의 상태 변화

	사용 앱	[서커스AR]	QR코드
	기능	마커를 스캔함으로써 인식시키면 콘텐츠를 AR(증강현실)로 즐길 수 있음	
	지원 OS	안드로이드, iOS	
	개발	circuscompany Co., Ltd.	

성취기준

[4과14-01] 물이 수증기나 얼음으로 변할 수 있음을 알고, 물이 얼 때와 얼음이 녹을 때의 부피와 무게 변화를 관찰할 수 있다.

[4과14-02] 물이 증발할 때와 끓을 때의 변화를 관찰해 차이점을 알고, 이와 관련된 예를 우리 주변에서 찾을 수 있다.

[4과14-03] 수증기가 응결하는 현상을 관찰하고, 이와 관련된 예를 우리 주변에서 찾을 수 있다.

차시 안내

[1차시] 달콤하고 시원한 얼음과자 만들기

[2차시] 물의 세 가지 상태 알아보기

[3~4차시] 물이 얼거나 얼음이 녹으면 부피와 무게는 어떻게 되는지 알아보기

[5차시] 과일을 말리면 그 안에 있던 물은 어떻게 되는지 알아보기

[6차시] 물을 가열하면 어떻게 되는지 알아보기

[7차시] 차가운 병 표면의 물은 어디에서 왔는지 알아보기

[8차시] 우리 생활에서 물의 상태 변화를 이용하는 사례 알아보기

[9~10차시] 물의 상태 변화를 이용해 가습기 만들기

[11차시] 물의 상태 변화 정리하기

 **차시 활동**

'물'은 어디서나 볼 수 있고 평소 생활에서 늘 사용하기에 학생들에게 친근한 소재입니다. 그래서 학생들은 자신이 물의 상태 변화에 대해 잘 안다고 생각합니다. 물을 차가운 곳에 두면 얼음이 되고, 얼음을 상온에 두면 물이 된다는 식으로 말입니다. 평소에 물의 상태 변화를 관찰하고 이용해왔기 때문입니다. 하지만 정작 물에 관해서 공부할 때는 새롭게 접하는 용어와 개념, 이전에 갖고 있던 오개념으로 인해 학습에 어려움을 겪기도 합니다. 예를 들어, '응결, 가열, 증발, 냉각' 등의 어려운 단어 때문에 실험할 때 곤란함을 느끼기도 하고, '물은 얼리면 부피가 팽창하므로 무게도 증가할 것이다.', '차가운 컵 표면에 생기는 물방울은 컵에서 새어 나왔을 것이다.' 등 현상을 눈으로만 보고, 과학적으로 탐구한 적은 없어 생긴 오개념 때문에 상태 변화를 제대로 이해하지 못하기도 합니다.

'물의 상태 변화' 단원은 '물'이라는 친근한 소재로 증발이나 응결 같은 과학적 용어를 배우고 현상을 관찰합니다. 이 단원에서 탐구에 활용하기 좋은 앱은 [서커스AR]입니다. [서커스AR]은 AR로 실험을 관찰하는 앱입니다. 상태 변화 관찰을 정해진 시간 안에 끝내기 힘들거나 결과가 명확하게 나오지 않을 때 실험을 보완해주는 역할을 합니다. 이 앱을 주로 사용할 만한 차시는 2차시부터 4차시까지, 8차시 등입니다. 차시별로 적절한 AR 콘텐츠가 제공되므로 학생들은 스마트기기의 카메라 각도를 조절해 생생한 AR 콘텐츠를 즐길 수 있습니다. 또한, 기기와 마커와의 거리를 조절해 화면의 대상을 확대 및 축소함으로써 더욱더 생생한 교수학습 자료도 경험할 수 있습니다.

단원을 도입할 때 아이들이 물과 관련된 경험을 쉽게 떠올릴 수 있도록 하기 위해 그림책을 활용했습니다. 「물은 무엇이든 될 수 있어요」라는 책입니다. 처음 그림책을 꺼내면 고학년이 보기에는 시시하다고 말하는 학생도 있지만 이내 선생님의 실감 나는 목소리에 집중합니다. 그림책을 읽고 강물, 바다, 안개, 얼음 등 우리 생활 속에서 볼 수 있는 물에 대한 경험을 나눕니다. 모두 물인데 왜 모습과 상태가 다른지 궁금증을 갖고 단원을 시작합니다.

2차시에서는 물의 세 가지 상태를 알기 위해 얼음과 물로 탐구합니다. 얼음과 물을 눈으로도 보고 직접 만져보기도 하는데 이때 얼음을 갖고 장난치는 학생들이 없도록 관찰 전에 주의 주는 것이 좋습니다. [서커스AR] 꿀꺽 물 이야기의 '물의 상태 변화' 메뉴에서는 고체, 액체, 기체로 변화하는 물에 대해 학습할 수 있습니다. 물의 상태 변화는 지속적이기 때문에 고체인 얼음을 가열하면 액체인 물로 점점 변하고, 마찬가지로 액체인 물이 증발하여 기체인 수증기로 변하는 과정을 앱으로 관찰할 수 있습니다. 단순히 현상 관찰뿐만 아니라 용어의 개념과 고체(얼음), 액체(물), 기체(수증기)로 변화하는 과정을 통합적으로 이해할 수 있습니다.

3, 4차시에서는 물이 얼거나 녹았을 때 부피와 무게가 어떻게 달

라지는지 학습합니다. 물이 담긴 시험관에 높이를 표시하고 무게를 측정한 뒤 얼립니다. 참고로 시험관의 물이 어는데 시간이 생각보다 오래 걸리니, 수업할 때는 이 점에 유의해야 합니다. 앱을 활용한 연결성 있는 수업 진행도 가능합니다. 3, 4차시, 8차시에 사용할 수 있는 콘텐츠로 [서커스AR] 꿀꺽 물 이야기 '포포연구실'이 있습니다. '포포연구실'에서는 물로 바위를 자르는 실험을 관찰합니다. 액체인 물이 고체인 얼음으로 상태가 변할 때 부피가 커져서 바위가 갈라지는 현상을 볼 수 있습니다. 이것은 물이 얼어서 부피가 늘어나는 대표적인 예입니다. 또한 우리 생활에서 물의 상태 변화를 이용한 사례 중 하나이므로 8차시에서도 활용할 수 있습니다.

5차시 '과일을 말려 물의 증발 알기', 6차시 '물을 가열해 증발과 끓음 알기', 7차시 '차가운 컵 표면 관찰해 응결 알기'를 통해 상태 변화가 일어나는 과정을 알고 세 가지 상태를 이해하여 앞에서 배운 물질의 상태와 연계해 학습합니다. 이 활동에서는 우리 주변에서 찾을 수 있는 많은 예시를 찾아보고 일상생활에서 상태 변화가 어떻게 이용되는지 알아봅니다.

▶AR, VR 학습 자료들로 물의 상태 변화에 대해 학습하는 모습

4학년 2학기 '물의 여행' 단원에서도 [서커스AR] 앱을 이용할 수 있습니다. '물의 여행' 단원은 학생들이 스스로 탐구하는 활동이 주를 이룹니다. 활동 전에 물이 어떻게 순환하는지 확인할 때 [서커스AR] 앱을 활용하면 이후 학생들이 스마트기기로 물이 어떻게 이용되는지, 물이 부족하면 어떤 일이 일어나는지 스스로 찾아보면서 학습할 수 있습니다.

01. AR를 활용하는데 필요한 마커를 다운로드 받기 위해 사이언스레벨업(https://sci-encelevelup.kofac.re.kr) 접속한 뒤, 오른쪽 위의 **메뉴**를 누릅니다.

02. 여러 메뉴 중 AR·VR 메뉴 안의 **증강현실AR**을 누릅니다.

03. **화살표**를 눌러 메뉴를 열고 **'와그작 사이언스'**를 찾아 누릅니다.

04. 아래쪽에 있는 **'마커 다운로드'**를 눌러 AR 마커를 내려받습니다.

05. 내려받은 마커 중에서 아래 그림 같은 **'꿀꺽 물 이야기'** 마커를 [서커스AR] 앱으로 스캔합니다.

06. [서커스AR] 앱을 실행해 마커를 스캔하면 인식이 되어 AR 화면이 나옵니다. 재생되는 설명을 잘 듣고 상단의 메뉴를 순서대로 눌러서 활동을 진행합니다. 메뉴를 숨기고 싶으면 상단 오른쪽에 있는 **화살표**를, 화면을 캡처하려면 오른쪽의 **카메라** 아이콘을 누릅니다.

07. 상단의 '**1**' 아이콘을 눌러 개념을 학습합니다. 화면에서 안내하는 버튼을 눌러 학습을 진행합니다.

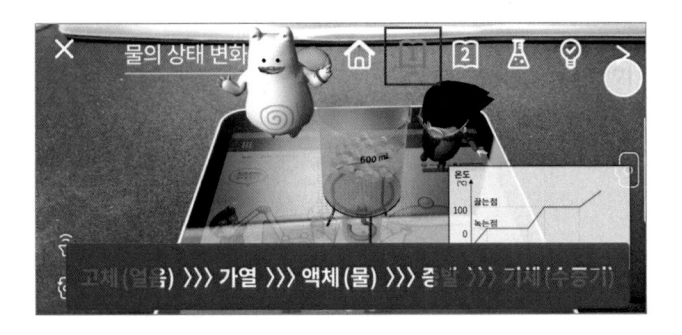

08. 오른쪽의 그래프를 눌러서 확대된 이미지를 볼 수 있습니다.

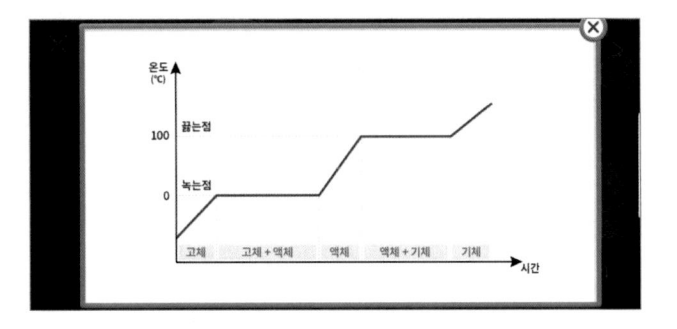

09. '**2**' 아이콘을 눌러 다음으로 진행할 수 있습니다. 화면의 안내를 따라 오른쪽의 여러 아이콘을 눌러 활동을 진행할 수 있습니다.

10. **플라스크** 아이콘을 눌러 활동을 정리할 수 있습니다.

11. **전구** 아이콘을 눌러 배운 내용을 점검할 수 있습니다.

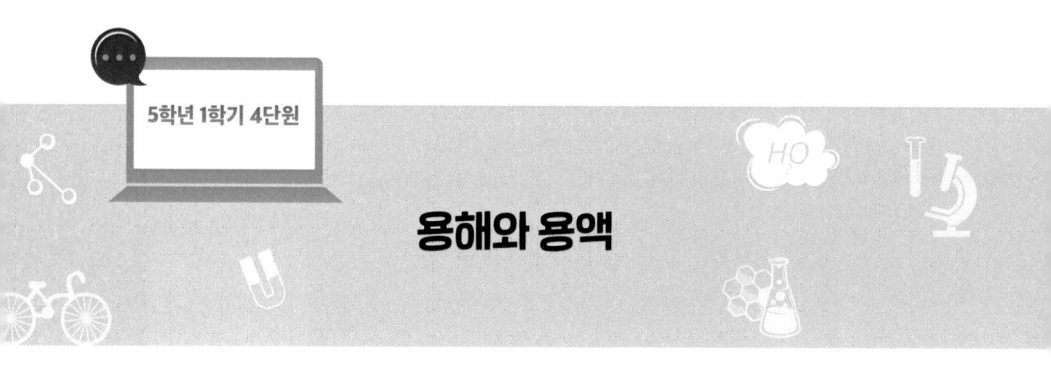

용해와 용액

	사용 앱	[용해와 용액]	QR코드
	기능	주제와 관련된 모의실험, 개념, 실생활의 다양한 사례, 과학퀴즈 등의 과학 관련 콘텐츠를 이용할 수 있음	
	지원 OS	웹사이트	
	개발	LG사이언스랜드	

성취기준

[6과03-01] 물질이 물에 녹는 현상을 관찰하고 용액을 설명할 수 있다

[6과03-02] 용질의 종류에 따라 물에 녹는 양이 달라짐을 비교할 수 있다.

[6과03-03] 물의 온도에 따라 용질의 녹는 양이 달라짐을 실험할 수 있다.

[6과03-04] 용액의 진하기를 상대적으로 비교하는 방법을 고안할 수 있다.

[1차시] 물을 만난 초콜릿 색소

[2차시] 여러 가지 물질을 물에 넣으면 어떻게 되는지 알아보기

[3차시] 물에 용해된 설탕은 어떻게 되는지 알아보기

[4차시] 용질마다 물에 용해되는 양이 같은지 알아보기

[5~6차시] 물의 온도가 달라지면 용질이 용해되는 양은 어떻게 되는지 알아보기

[7~8차시] 용액의 진하기를 비교하는 방법 알아보기

[9~10차시] 용액의 진하기를 비교할 수 있는 도구 만들기

[11차시] 용해와 용액 정리하기

 **차시 활동**

'용해와 용액' 단원에서는 물질이 물에 녹는 용해 현상과 용액의 개념을 배웁니다. 그런데 물에 녹은 물질이 눈에 보이지 않아 학생들이 자칫 "물질이 사라지거나 없어진다."라는 오개념을 가질 수 있습니다. 이 단원에서는 물질의 용해 과정에 대해서 관찰하는 수준으로 지도하고 용해가 일어나는 이유나 원리는 다루지 않습니다. 초등학교 교육과정에서는 추상적 사고가 필요한, 눈에 보이지 않는 입자의 개념을 다루고 있지 않기 때문입니다. 그러므로 실험 과정에서 무게를 비교하거나 용해 과정을 설명하는 그림과 영상 등으로 정확한 개념을 가질 수 있도록 도와야 합니다. 이 과정에서 [LG 사이언스랜드-용해와 용액] 사이트를 수업에 활용할 수 있습니다. 이 사이트를 활용하면 다양한 실험과 도식을 접하면서 개념 이해부터 심화학습까지 수준별로 이용할 수 있습니다.

1차시에서는 물에 다양한 색깔의 초콜릿을 넣고 변화를 관찰해 봅니다. 페트리접시에 1/3 정도의 물을 넣고 여러 색깔의 초콜릿을 담습니다. 이는 다양한 색소가 물에 녹기 때문인데 그냥 초콜릿을 넣는 것보다 미션을 주어 실험을 진행할 수 있습니다. 가로줄, 세로줄, 벌집모양, 무지개모양 등 여러 색의 초콜릿을 통해 다양한 모양을 낼 수 있습니다. 혹은 자신만의 창의적인 모양을 만들도록 안내해준다면 단순히 초콜릿이 녹는 것만 관찰하는 것에서 벗어나 미술과 통합한 수업을 진행할 수 있습니다. 실제로 수업해보니 아이들만의 창의성과 색감이 담긴 다양한 작품이 나왔습니다.

2차시에서는 여러 가지 물질을 물에 넣었을 때 일어나는 변화를 관찰합니다. 소금, 설탕, 멸치가루를 가지고 실험을 했을 때 소금과 설탕은 물에 완전히 녹아 투명해지지만 멸치가루는 물 아래에 가라앉습니다. 소금물과 설탕물을 통해 용질, 용매, 용해, 용액의 개념을 배웁니다. 일상생활에서 볼 수 있는 용액의 예를 이야기하여 개념을 잘 이해했는지 확인합니다.

3차시에서는 물에 용해되는 설탕은 어떻게 되었는지 알아봅니다. 차시를 도입하면서 소금을 나르는 나귀 이야기를 들려주거나 혹은 인터넷에서 유명한 너구리에게 솜사탕을 주면 일어나는 일 영상을 보여주었을 때 아이들의 반응이 무척 뜨거웠습니다. 영상에서는 너구리가 솜사탕을 물에 넣는 순간 솜사탕이 순식간에 녹아버립니다.

[솜사탕을 물에 넣으면?]
https://youtu.be/Kvg-cgsW-Lo

물에 용해된 설탕은 사라지는 걸까요? 눈에 보이지 않기 때문에 사라졌다고 생각하는 학생들이 있는데 용해된 설탕은 사라진 것이 아니라 매우 작게 변해 물속에 남아 있다는 것을 알려줍니다. 이를 위해 용해되기 전과 용해된 후의 무게가 같다는 것을 확인하도록 합니다.

4차시에서는 여러 가지 용질이 물에 용해되는 양을 비교합니다. 물의 온도와 양이 같아도 용질에 따라 용해되는 양이 다르다는 것을 실험에서 알아봅니다. 이 실험의 이해를 돕기 위해 아이스티, 미숫가루, 녹차분말 등 다양한 마실 거리로 이야기를 나누거나 직접 보여주면 용질에 따라 다르다는 것을 좀 더 잘 이해합니다.

5, 6차시에서는 물의 온도에 따라 용해되는 용질의 양이 다르다는 것을 실험해봅니다. 이때도 커피 등의 경우 아이스로 만들어 먹기 전 따뜻한 물에 조금 녹인 뒤 얼음을 넣어 마신다는 예를 설명해줬을 때 잘 이해한다고 느꼈습니다.

7, 8차시에서는 용액의 진하기를 비교해봅니다. 같은 양의 물에 황설탕의 양을 다르게 넣고 색깔과 무게, 진하기를 비교합니다. 그러나 설탕물처럼 색깔이 없고 투명한 용액의 경우 물체를 넣고 뜨는 정도를 비교합니다. 여기서 진할수록 왜 물체가 더 잘 뜨는지 이유에 대해서는 다루지 않습니다.

이 단원은 2차시에서 8차시까지 모두 실험으로 이뤄집니다. 이 덕분에 다른 단원에 비해 학생 스스로 과학자가 된 듯한 기분으로 실험할 수 있습니다. 실험 활동에는 가설 설정 또는 실험 결과 예상 등의 활동도 포함합니다. [탐색 및 문제 파악]-[가설 설정]-[실험 설계]-[실험]-[가설 검증]-[적용 및 새로운 문제 발견의 단계]를 거치는 수업은 과학자들의 실제 실험 과정과 유사합니다. 실제로 '용해와 용액' 단원을 진행할 때 학생들은 과학 수업에 흥미를 느끼고 적극적으로 수업에 참여합니다. 실험이라는 능동적인 활동 자체가 학생들의 태도를 바꾸는 것입니다. 그렇지만 모든 실험이 학생들에게 능동적인 참여를 유도하지는 못합니다. 다음과 같은 상황에서는 실험 수업이라도 학생들이 흥미를 갖지 못하는 경우가 있습니다.

첫 번째는 학원, 과외 등의 선행학습에서 효율성을 이유로 실험 과정을 깊게 생각하거나 실험 결과를 예상하는 단계가 무시되는 것입니다. 단순히 실험의 결과만 암기합니다. 선행 학습을 한 학생들은 실험 결과를 이미 알기 때문에 자연스레 지적 호기심을 느끼지 못하고, 수업에도 흥미를 잃습니다.

두 번째는 과학적 사고 과정을 어렵게 느끼는 것입니다. 평소 학습에 흥미가 없거나 과학 교과에 자신감이 없는 학생들은 [가설 설정]-[실험 설계]-[실험]-[가설 검증], [예상]-[관찰]-[설명] 등의 과학적 사고 과정을 어려워합니다. 이런 학생들에게는 가설 설정 방법이나 실험 결과를 예상하는 방법 등 보충 학습이 이뤄져야 합니다.

'용해와 용액' 단원의 실험에 어려움을 느끼는 학생들을 위해 [LG 사이언스랜드-용해와 용액] 사이트를 활용해봤습니다. 사이트에서 교과서에 제시된 실험의 가상실험 과정을 확인하고 결과를 예상해보도록 했습니다. 예시로 아래 그림에 보이는 [LG사이언스랜드-용해와 용액의 실험3은 7, 8차시 '용액의 진하기 비교하기' 실험과 직접 대응되며, 실험4는 3차시 물에 설탕을 용해하고 결과 예상하기 실험과 대응됩니다.

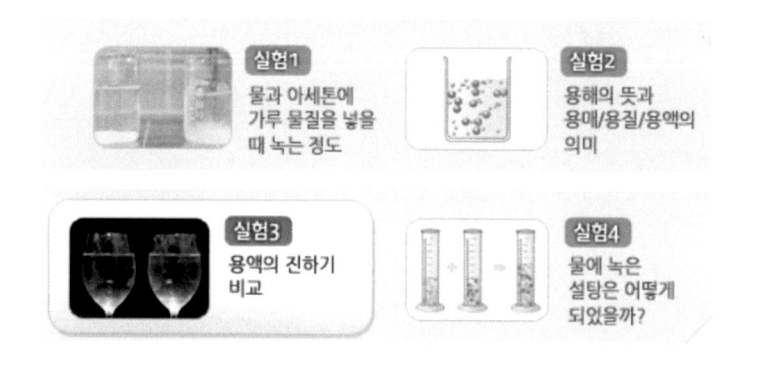

심화된 내용을 제공할 필요가 있는 학생들을 위해서 교과서에서 나온 개념이 발전된 형태의 실험 또는 생활과학사례 등을 제시합니다. 발전된 형태의 실험이란 과학 교과서에 제시된 개념을 다른 방법으로 확인해보는 실험입니다. 물에 설탕을 녹이는 것뿐만 아니라 설탕, 시트르산, 탄산칼슘, 나프탈렌 등을 물에 녹인 경우, 아세톤에 녹인 경우를 비교하는 것입니다. 이러한 실험은 선행학습이 이뤄진 경우에도 학생들의 지적 호기심을 유발할 수 있습니다. 하지만 지적 호기심을 유발하기 위해 중학교나 고등학교급의 실험을 제시한다면 또 다른 선행학습이 될 수 있다는 점을 유의해야 합니다.

기존의 학습 사이트는 교과서 위주의 내용을 제시하는 데 머물렀지만, [LG사이언스랜드-용해와 용액] 사이트는 해당 단원과 관련된 보다 다양한 자료가 제시돼 학습 결손이 있는 학생들도 능동적으로 활용할 수 있습니다. 과학에 흥미를 느끼는 학생들도 심화된 내용을 더 쉽게 활용할 수 있습니다.

▶용해와 용액에 관한 이론적 지식을 앱으로 학습하는 모습

　[LG사이언스랜드-용해와 용액] 사이트를 수업에 활용할 때 기본 메뉴 설명이나 기능적인 설명만 해줬습니다. 단순히 수업에서 활용할 자료만을 제시하는 프로그램이나 자료는 [LG사이언스랜드-용해와 용액] 사이트보다 유용한 학습 사이트가 더 있습니다. 대신에 [LG사이언스랜드-용해와 용액]은 교과 내용뿐만 아니라 학생들이 궁금하게 여길 만한 과학적 지식을 방대하게 갖췄습니다. 과학실 한쪽에 사이트에 접속할 수 있도록 태블릿을 둔다면 평소 과학에 대해 궁금했던 것을 검색해보고 가상실험을 해볼 수 있을 것입니다.

01. [LG사이언스랜드] http://www.lgsl.kr에 접속합니다.

02. 왼쪽 상단의 메뉴를 눌러 전체 메뉴를 띄웁니다. 여러 메뉴 중 **'과학실험실'**을 누릅니다.

03. 과학실험실에서 **'용해와 용액'을 검색**합니다. 용해와 용액 (1), (2) 중에서 (1)을 살펴보도록 하겠습니다.

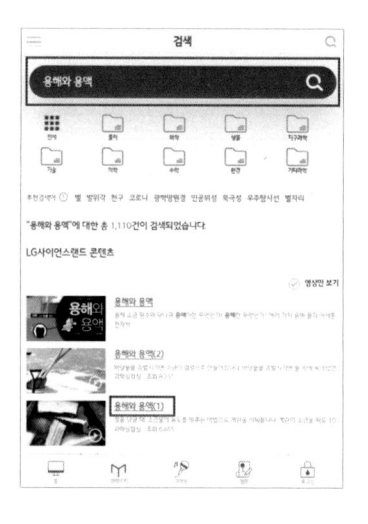

04. 화면 중앙의 **'실험 보기'**를 눌러서 용해와 용액에 관련된 실험을 볼 수 있습니다.

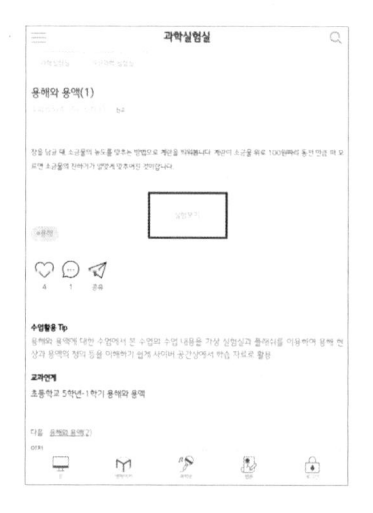

05. 상단의 여러 메뉴 중 **'가상실험'**을 눌러 용해와 용액과 관련된 실험을 관찰할 수 있습니다.

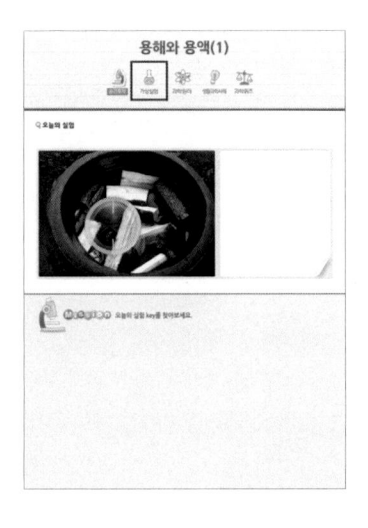

06. 아래의 네 가지 실험 중 원하는 실험을 선택해서 관찰할 수 있습니다.

07. 실험 순서의 **숫자**를 누르면 순서에 따라 실험 방법을 볼 수 있습니다.

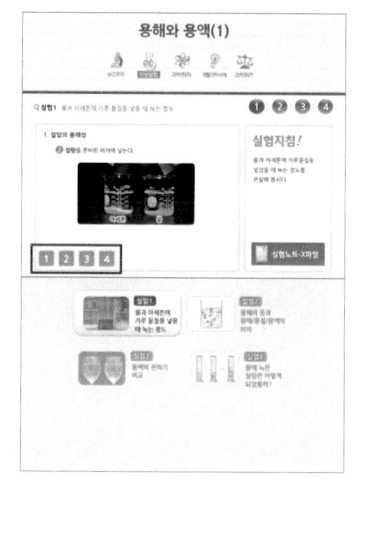

08. **실험노트-X파일**을 눌러 실험으로 얻을 수 있는 결과를 볼 수 있습니다.

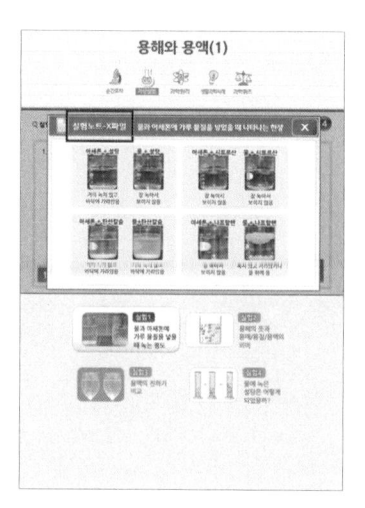

09. 오른쪽의 **숫자**를 눌러 같은 주제의 여러 실험을 관찰할 수 있습니다.

10. 다른 주제의 실험을 관찰할 수 있으며, 실험 영상이 재생된 후 다시 보려면 **중앙의 버튼**을 누릅니다.

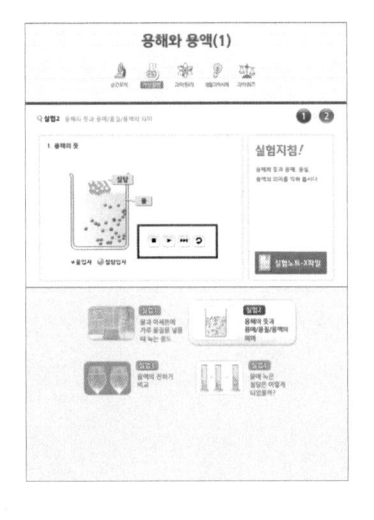

11. 상단의 메뉴 중 **'과학원리'**를 눌러 주제와 관련된 여러 개념을 알 수 있습니다.

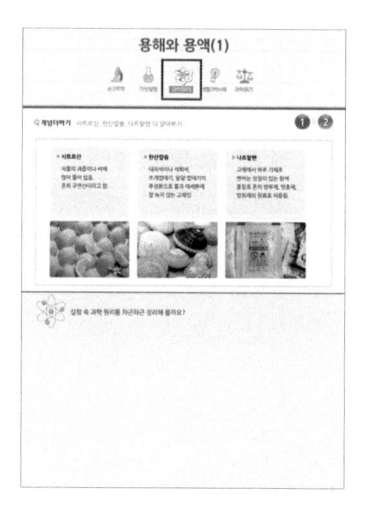

12. 오른쪽의 **숫자**를 눌러 과학원리의 다른 내용을 정리해볼 수 있습니다. '용해와 용액 (2)'도 같은 방식으로 활용할 수 있습니다.

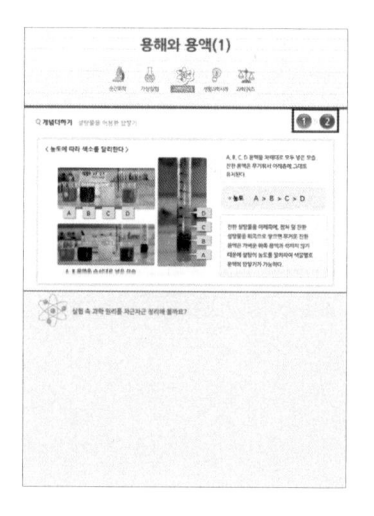

13. 상단의 메뉴 중 **'생활과학사례'**를 눌러 생활 속에서 주제와 관련된 사례를 알 수 있습니다.

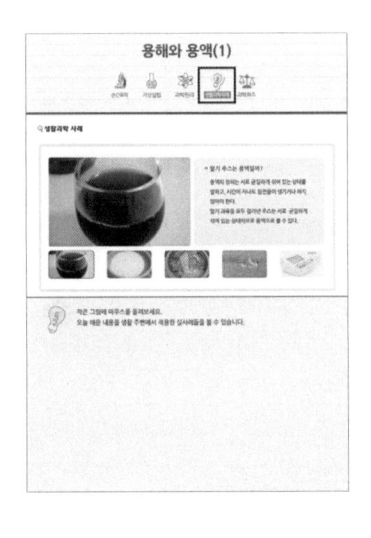

14. 상단의 메뉴 중 **'과학퀴즈'**로 주제와 관련된 문제를 풀어보면서 잘 이해했는지 점검해봅시다.

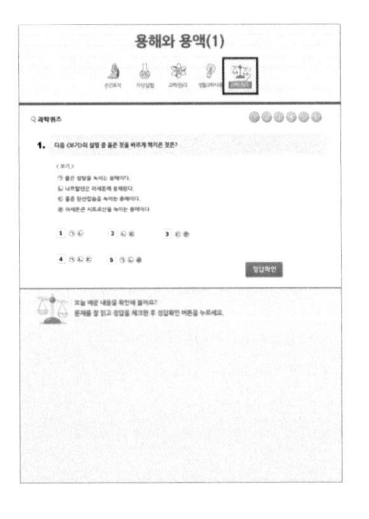

산과 염기

	사용 앱	[재미있게 배우는 산과 염기]	QR코드
	기능	산과 염기를 영상과 노래로 공부할 수 있고, 리트머스 종이 가상실험 및 문제를 풀어볼 수 있음	
	지원 OS	안드로이드	
	개발	THEMACCHIATO	

성취기준

[6과08-01] 우리 주변에서 볼 수 있는 여러 가지 용액을 다양한 기준으로 분류할 수 있다.

[6과08-02] 지시약으로 여러 가지 용액을 산성 용액과 염기성 용액으로 분류할 수 있다.

[6과08-03] 산성 용액과 염기성 용액의 여러 가지 성질을 비교하고, 산성 용액과 염기성 용액을 섞었을 때의 변화를 관찰할 수 있다.

[6과08-04] 우리 생활에서 산성 용액과 염기성 용액을 이용하는 예를 찾아 발표할 수 있다.

차시 안내

[1차시] 신나는 염색 놀이하기

[2~3차시] 여러 가지 용액을 분류하는 방법 알아보기

[4~5차시] 지시약을 이용해 여러 가지 용액 분류하는 방법 알아보기

[6차시] 산성 용액과 염기성 용액에 물질을 넣으면 어떻게 되는지 알아보기

[7차시] 산성 용액과 염기성 용액을 섞으면 어떻게 되는지 알아보기

[8차시] 생활에서 산성 용액과 염기성 용액을 어떻게 이용되는지 알아보기

[9~10차시] 천연 지시약으로 협동화 그리기

[11차시] 산과 염기 정리하기

 **차시 활동**

어릴 적 학교에서 배운 내용 중에 유독 잘 외워지지 않거나 이해되지 않는 내용이 있었나요? 지시약에 따른 산성, 염기성의 반응차이나 계절별 별자리 또는 날짜에 따른 달의 위상변화, 남중고도시간 등은 배울 때는 이해하더라도 시험만 치고 나오면 금방 기억이 안 나는 학습 주제들입니다. 그러다 보니 중학교, 고등학교에 올라가서 비슷한 내용이 나오면 다시 외우고, 또 까먹는 일이 반복됩니다.

초등학교 5학년 2학기 5단원 '산과 염기'도 학생들이 외우기 어려워하는 내용을 많이 다룹니다. 학생들은 지시약, 산성, 염기성 등의 과학 용어를 이 수업에서 거의 처음 듣습니다. 게다가 리트머스 종이, 페놀프탈레인 용액 등 지시약의 이름과 종류도 다양합니다. 교과서에 나오는 용액만 해도 식초, 레몬즙, 유리 세정제, 사이다, 비눗물, 석회수, 묽은 염산, 묽은 수산화나트륨 용액, 소석회 등 다양합니다. 이 중에는 주위에서 흔히 볼 수 있는 용액도 있지만, 낯선용액도 있습니다. 낯선 용어와 혼란스러운 개념에 어려워하고 난감해하는 학생들의 모습을 볼 때마다 어떻게 지도할지 고민스럽습니다.

'산과 염기'는 주변에서 흔히 볼 수 있는 용액의 성질입니다. 산과염기의 개념은 잘 모르더라도 식초, 세정제, 비누처럼 산성, 염기성을 띤 용액을 많이 사용하고 있습니다. 이 둘을 섞으면 용액의 성질도 변하지만, 초등학교에서는 중화 개념을 다루지 않으므로 변화하는 현상을 관찰하는 정도로 넘어갑니다. 산과 염기에 대해 배울 때 글자에서 연상되는 느낌으로 인한 오개념(예를 들어 '묽은 염산'에는 '염'이라는 글자가 들어가므로 염기성이라는 오개념)이 생길 수 있으니 차시마다 학생들이 비과학적으로 생각하지 않도록 유의합니다.

1차시에서는 염색 놀이를 합니다. 미리 염색 천을 준비해두고, 여러 용액을 사용할 때의 주의점을 알려줍니다. 염색하면서 천에서 일어나는 색의 변화를 잘 관찰하도록 합니다. 교과서에서 나온 것처럼 투명한 플라스틱 컵에 용액을 담아서 주면 학생들이 잘 쏟기도 하고, 지나치게 많은 양의 용액을 사용하게 됩니다. 염색에는 생각보다 많은 양의 용액이 필요하지 않기 때문에 점적병에 담아서 주면 적절한 용량만큼 사용하면서도 쏟는 사고를 예방할 수 있습니다.

2, 3차시에서는 묽은 염산, 묽은 수산화나트륨 용액 등 여러 용액을 관찰하고 분류합니다. 염산과 수산화나트륨은 희석했다고 하더라도 눈, 혀, 피부에 닿으면 안 되는 위험한 물질입니다. 초등학생에게만 위험한 것은 아니지만, 상대적으로 조심성이 부족할 수 있는 어린 학생들이기 때문에 반드시 사전에 안전지도가 필요합니다. 실험 시에는 꼭 보안경, 실험용 장갑을 착용하도록 하고, 냄새도 코를 바로 갖다 대서 맡는 것이 아니라 손으로 바람을 일으키는 방식으로 맡게 합니다.

4, 5차시에 수업할 지시약을 이용한 여러 가지 용액 분류 역시 사전 안전지도가 꼭 필요합니다. 전 차시에서는 용액이 통에 담겨 있었지만, 이 차시에서는 지시약의 색깔 변화를 봐야 하므로 용액이 노출되어 있습니다. 그러므로 학생들에게 절대 장난치지 않도록 단단히 주의를 줘야 합니다. 색 변화를 관찰한 리트머스 종이도 함부로 다루지 말라고 신신당부해야 합니다. 부주의하게 자신이나 친구의 손, 또는 피부에 용액이 닿게 하면 절대 안 된다고 강조해야 합니다.

이번 차시에서는 각 지시약이 산성, 염기성에 따라 어떻게 변화하는지 관찰하며 알아봅니다. 학생들은 붉은 리트머스 종이와 푸른색 리트머스 종이의 산성 정도에 따른 색 변화를 헷갈리지만 관찰할 때는 색 변화를 신기해합니다. 문제는 지시약을 같은 붉은색으로 변화시킨다고 산성 용액 또는 염기성 용액이라고 외울 수는 없다는 점입니다. 산성 용액은 리트머스 종이, 자주색 양배추 지시약은 붉은색으로 변화시키고 페놀프탈레인 용액은 변화시키지 않습니다. 염기성 용액은 리트머스 종이와 자주색 양배추 지시약은 푸른색으로 변화시키지만, 페놀프탈레인 용액은 붉은색으로 변화시킵니다. 교과서에 나오는 지시약은 세 가지밖에 되지 않지만, 지시약마다 산성, 염기성에 따라 변하는 색깔이 다르므로 학생들은 헷갈릴 수 있습니다. 리트머스 종이, 페놀프탈레인 용액, 양배추 지시약을 이용했을 때 나타나는 변화를 관찰하고 분류를 정확하게 해보도록 합니다.

6차시에서는 산성 용액과 염기성 용액에 여러 물질을 넣어보는 실험을 합니다. 묽은 염산과 묽은 수산화나트륨 용액이 담긴 비커에 달걀 껍데기, 삶은 달걀, 대리석 조각, 두부를 넣어 봅니다. 용액이 몸에 닿으면 피부가 상하고 위험하기 때문에 용액이 비커 밖으로 튀지 않도록 주의하고, 실험에 사용한 두부나 달걀 등은 먹지 못하게 해야 합니다. 달걀흰자의 경우 용액에 넣은 뒤 1시간 정도 지나야 변화가 보이기 때문에 미리 용액에 담아뒀다가 수업 시간에 나눠주어야 관찰하기 좋습니다. 또한 그냥 눈으로 볼 때는 산성 용액과 염기성 용액에 담긴 달걀흰자의 차이가 잘 보이지 않을 수도 있는데, 약숟가락을 사용하여 눌러보도록 하면 둘의 차이를 확연하게 느낄 수 있습니다.

7차시에서는 산성 용액과 염기성 용액을 섞으며 지시약의 변화를 관찰합니다. 이때 사용하는 자주색 양배추 지시약은 쉽게 산화되는 탓에 색의 변화를 관찰하기 어려울 수도 있으므로 반드시 수업 전에 만들어서 냉장 보관합니다. 또한 염산과 수산화나트륨 용액의 비율을 잘 조절해야 색깔의 변화가 나타납니다. 5㎖씩 넣는 것보다 10㎖씩 넣는 것이 색의 변화를 관찰하기에는 더 좋습니다. 학생들과 실험하기 전 사전실험을 통해 적정 용량을 확인한 뒤 수업하는 것을 추천합니다.

8차시에서는 생활 속에서 산성 용액과 염기성 용액을 사용하는 예를 찾아봅니다. 일상생활에서 자주 볼 수 있는 요구르트와 치약의 성질을 알아보는 실험을 하다 보면 색깔 변화가 잘 나타나지 않을 때도 있습니다. 특히 치약의 경우 색 변화가 잘 일어나지 않는데, 리트머스 종이나 페놀프탈레인 용액에서 색깔 변화가 잘 나타나지 않는 것은 지시약의 변색 범위를 벗어났기 때문일 가능성이 큽니다. 그러므로 한 가지 지시약만으로 판단하게끔 하지 말고, 여러 지시약을 사용한 뒤 실험 결과를 종합해보게끔 하는 것이 바람직합니다.

여기까지 학습해도 학생들은 산성 용액과 염기성 용액의 다양한 종류와 각 용액의 차이점 및 공통점을 헷갈립니다. 그래서 부담스러워하기도 합니다. 이럴 때 [재미있게 배우는 산과 염기] 앱을 이용하면 더 쉽고 재미있게 이 단원을 학습할 수 있습니다. 이 앱의 활용 방법은 다음과 같습니다.

첫 번째 방법은 '영상으로 공부합시다.' 메뉴를 활용하는 것입니다. 이 메뉴에서 학생들이 재미있어할 만한 만화로 학습 내용을 복습, 예습할 수 있습니다. 초등학생 수준에서는 혼자 자습하는 시간보다는 영상 자료나 보조 자료로 복습, 예습하는 것이 효과적일 것입니다.

두 번째 방법은 노래로 내용을 익혀보는 것입니다. [재미있게 배우는 산과 염기] 앱에서는 '지시약송'과 '산과 염기송'을 배울 수 있습니다. 학생들이 어려워할 만한 내용을 노래로 학습할 수 있습니다. 참고로, '산과 염기송'의 가사를 보면 산과 염기의 반응이 쉽고 구체적으로 제시된 것을 알 수 있습니다.

\<산과 염기송\>

신맛 많은 산성, 염기는 미끌해
산성, 염기성 용액들 어떤 성질일까
산성 용액엔 금속, 대리석 녹아요
논밭엔 염기성 석회가루 뿌리죠
어떤 용액이 산성 염기성일까
산성 용액은 식초, 주스, 염산, 사이다
염기성 용액은 비누, 암모니아, 수산화나트륨
푸른 리트머스 붉어지면 산성
빨간 리트머스 푸르게 되면 염기성
페놀프탈레인 용액엔 염기만 붉게 변해

또 어떤 지시약 있을까
산성엔 노랗게 변하게 되고
염기엔 푸르게 변하는 BTB
산성엔 붉고 염기엔 노랗게 되는
메틸오렌지 지시약
양배추 끓인 물에 시험해요
산성은 빨갛게 변해요
염기는 녹색으로 변하게 돼요

산과 염기를 알아내
산과 염기를 알아내

세 번째 방법은 가상실험을 하는 것입니다. 산성, 염기성 용액을 선택하고 리트머스 종이를 넣어보는 가상실험을 할 수 있습니다. 산성 용액과 염기성 용액이 성질별로 분류되어 일상생활에서 자연스럽게 접하는 용액들이 산성인지 염기성인지 알 수 있습니다.

마지막으로 산성, 염기성 분류 게임을 하는 것입니다. 일정 시간 내에 정확하게 산성, 염기성 용액을 분류하는 게임입니다. 재미있는 게임을 통해 용액의 성질이 산성인지 염기성인지 알 수 있습니다. 게임이 끝나면 점수도 제공됩니다. 바람직한 경쟁의식으로 학습 동기를 유발할 수 있습니다.

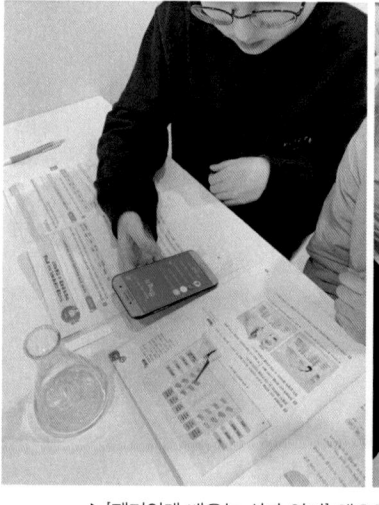

▶[재미있게 배우는 산과 염기] 앱으로 교과서의 내용을 확인하는 모습

'산과 염기' 단원은 학습 후 쉽게 잊어버리는 단원이지만, 다양한 방법으로 지적 자극을 제공해주면 학생들도 더 오래 기억합니다. 이 단원은 일상생활에서 사용하는 용액의 성질을 배우고 물질의 화학적 변화에 대해 호기심을 가질 수 있는 단원입니다. 교과서에서 나오는 용액에 더해 실생활에서 볼 수 있는 다양한 용액의 산과 염기 성질을 소개한다면 더욱 흥미를 느낄 수 있을 것입니다.

01. [재미있게 배우는 산과 염기] 앱의 메인화면 오른쪽에 있는 **화살표**를 누르면 산과 염기 분류하기 게임을 할 수 있습니다.

02. **점수 부분**을 누르면 게임을 시작하는 화면이 나옵니다.

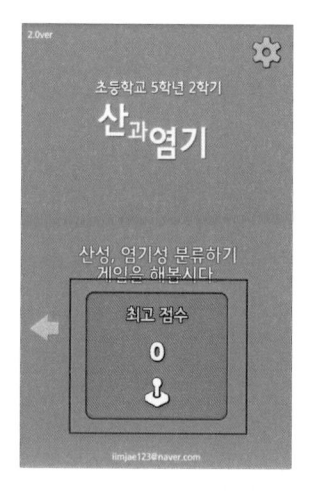

03. **'게임 시작!'** 버튼을 누르면 게임이 시작됩니다.

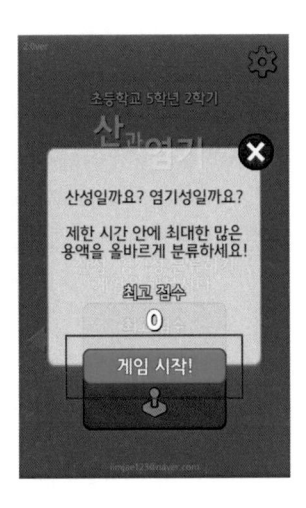

04. 화면 중앙에 나오는 용액을 보고 산성인지 염기성인지 구분해 정답을 누릅니다.

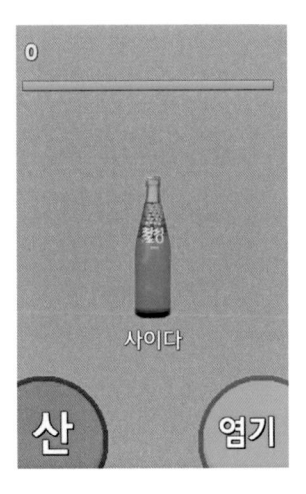

05. 문제를 연속해서 맞출 경우 콤보(COMBO)가 올라갑니다. 연속해서 맞출수록 점수가 더 올라갑니다.

06. 주어진 시간이 모두 끝나면 게임 결과가 나타납니다. 점수를 확인하고 난 뒤 메인 화면으로 이동할 수 있습니다.

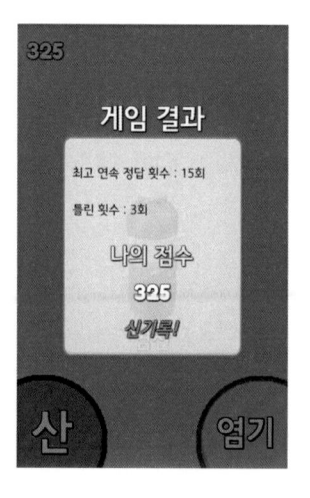

07. 메인 화면의 여러 메뉴에 대해 살펴보겠습니다.

08. **'영상으로 공부합시다.'**를 누르면 유튜브의 공부 영상으로 이동합니다.

09. **'지시약송을 불러봅시다.'**를 누르면 유튜브의 지시약송으로 이동합니다.

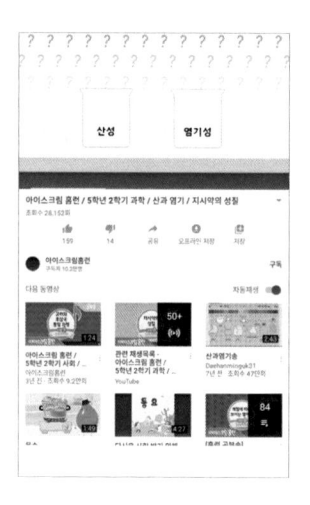

10. **'산과 염기송을 불러봅시다.'**를 누르면 유튜브의 산과 염기송을 이동합니다.

11. **'가상 리트머스 실험을 해봅시다.'**를 누르면 실험창으로 이동합니다. 아래에서 원하는 용액을 고릅니다.

12. 용액을 고른 뒤 오른쪽 위의 리트머스 종이를 비커에 끌어다놓으면 색깔 변화를 관찰할 수 있습니다.

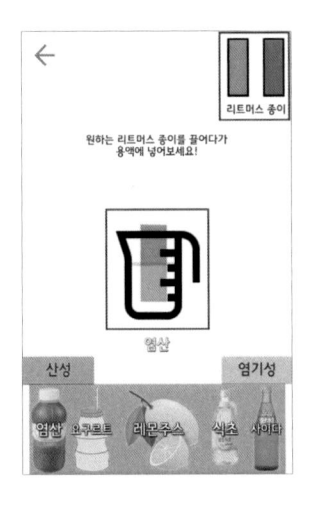

13. 오른쪽 아래의 **'염기성'** 버튼을 누르면 염기성의 용액을 고를 수 있습니다.

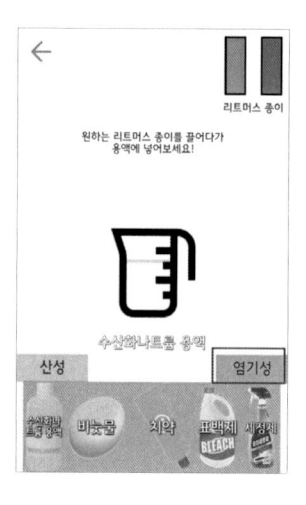

14. 마찬가지로 용액에 리트머스 종이를 넣고 색깔 변화를 관찰할 수 있습니다.

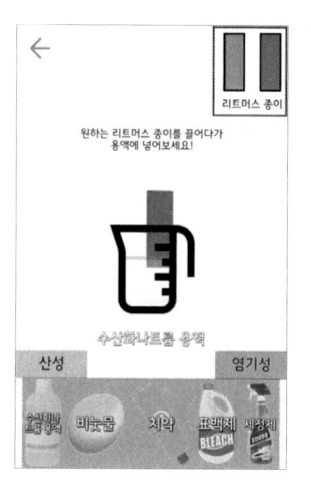

여러 가지 기체

	사용 앱	[LG사이언스랜드-여러 가지 기체]	QR코드
LG 사이언스랜드	기능	주제와 관련된 모의실험, 개념, 실생활의 다양한 사례, 과학퀴즈 등의 과학 관련 콘텐츠를 이용할 수 있음	
	지원 OS	웹사이트	
	개발	LG상남도서관	

성취기준

[6과10-01] 산소, 이산화탄소를 실험으로 발생시키고 성질을 확인한 후, 각 기체의 성질을 설명할 수 있다.

[6과10-02] 온도와 압력에 따라 기체의 부피가 달라지는 현상을 관찰하고, 일상생활에서 이와 관련된 사례를 찾을 수 있다.

[6과10-03] 공기를 이루는 여러 가지 기체를 조사해 발표할 수 있다.

차시 안내

[1차시] 부글부글 거품 만들기

[2~3차시] 산소에는 어떤 성질이 있는지 알아보기

[4~5차시] 이산화탄소에는 어떤 성질이 있는지 알아보기

[6차시] 압력이 변하면 기체의 부피는 어떻게 달라지는지 알아보기

[7~8차시] 온도가 변하면 기체의 부피는 어떻게 달라지는지 알아보기

[9차시] 공기를 이루는 여러 가지 기체에는 무엇이 있는지 알아보기

[10~11차시] 거품이 오래가는 목욕제 만들기

[12차시] 여러 가지 기체 정리하기

 **차시 활동**

　학생들은 기체에 관한 실험이나 과학 개념을 다른 개념보다 이해하기 어려워합니다. 그러므로 6학년 1학기 3단원 '여러 가지 기체'처럼 기체를 다루고, 성질을 탐색하는 단원에서는 학생들이 실험 활동에 대해 흥미를 갖고 적극적으로 참여해서 이해도를 높일 수 있게 해야 할 뿐만 아니라 오개념을 바로잡고 바른 개념을 이해하게끔 도와줘야 합니다. 이를테면 앞서 다룬 3학년 2학기 4단원 '물질의 상태'를 배울 때 학생들은 나무막대, 물, 공기 등을 비교해봄으로써 고체, 액체, 기체를 구분했습니다. 이 과정에서 많은 학생들이 고체, 액체, 기체에 대해 오개념을 갖고 있다는 것을 확인하고 바른 개념을 알려주기 위해 노력했습니다. 이 단원 역시 오개념을 갖고 있지 않은지 확인하며 수업해야 합니다.

　고체와 액체는 평소 만지고 느낄 수 있지만, 기체는 그렇게 하기 어렵습니다. 일례로, '공기'는 우리 주변에 늘 존재하지만, 실제로 보거나 만질 수는 없습니다. 이에 "공기에 무게가 있을까?"라고 물어보면 많은 학생이 없다고 대답합니다. 하지만 기체에도 무게가 있기 때문에, 실험으로 공기의 존재를 확인할 수 있습니다. 페트병 또는 풍선에 공기를 채우고, 전후로 무게가 얼마나 달라졌는지를 알아보는 것입니다. 이 실험에는 세밀한 측정이 필요하므로 눈금저울이 아니라 전자저울을 사용하는 것이 좋습니다.

기체 관련 실험은 자그마한 실수나 오류로도 잘못된 실험 결과가 나올 수 있습니다. 이에 초등 과학 교과에서 기체를 다루는 단원에 더해 각 단원에서 크게 주의해야 하는 사항을 다음과 같이 정리해 봤습니다.

'3-2-4. 물질의 상태' 단원에서는 공기의 무게를 측정합니다. 페트병의 뚜껑을 잘못 닫아 압축해놓은 공기가 샐 수도 있고, 3학년 학생들은 풍선에 공기를 넣고 풍선을 묶는 것이 서툴러서 원하는 결과를 얻지 못할 수도 있습니다.

'4-2-2. 물의 상태 변화' 단원에서는 물을 가열해 수증기를 발생시킴으로써 증발과 끓음이라는 개념을 알아봅니다. 이때 4학년 학생들이 알코올램프를 이용하기 때문에 사전 안전지도가 필수이며 각별한 주의가 요구됩니다.

'6-1-3. 여러 가지 기체' 단원에서는 산소 발생 실험과 이산화탄소 발생 실험을 합니다. 이 실험은 집기병에 각각 산소와 이산화탄소를 모아야 합니다. 산소를 채집할 때 수중에서 산소를 모아야 하므로 기존의 실험보다 어렵습니다. 또한, 채집한 기체가 산소인지 검증하는 실험도 거쳐야 합니다. 절차 및 과정도 이전의 실험보다 복잡합니다. 이산화탄소 발생 실험 또한 과정도 복잡하고 기체의 특성상 모으기 어렵다는 특수성이 존재합니다.

'6-2-3. 연소와 소화' 단원에서는 물질이 연소한 뒤에 생기는 또다른 물질을 알아보는 실험을 합니다. 먼저 초를 연소시킨 후 집기병을 덮어둡니다. 이후 집기병에 푸른 리트머스 종이를 붙여 리트머스 종이의 색깔이 붉은색으로 변하는 것을 봅니다. 이를 통해 연소 후에 수증기가 발생한다는 것을 알 수 있습니다. 또한, 집기병에 석회수를 넣으면 뿌옇게 흐려지는 현상을 통해 이산화탄소가 발생한다는 것도 확인합니다. 이 실험들은 집기병을 쓰러뜨리거나 잘 닫지 않으면 원하는 결과가 나오지 않을 수도 있습니다.

6학년 1학기 3단원 '여러 가지 기체'에서는 우리에게 친숙한 기체인 산소, 이산화탄소의 성질을 여러 실험을 통해 알아봅니다. 온도와 기체 부피 사이의 관계, 압력과 기체 부피 사이의 관계를 알아보는 실험을 통해서 기체의 일반적인 성질을 이해합니다.

1차시에서는 부글부글 거품을 만들어봅니다. 거품은 고체나 액체로 둘러싸인 기체 방울입니다. 삼각플라스크 안에 묽은 과산화수소, 물비누, 아이오딘화 칼륨 용액을 넣어 거품을 발생시킵니다. 그런 뒤 거품에 향불을 넣어보는데 향불을 넣었을 때 불꽃이 커진 것을 관찰합니다. 왜 불꽃이 커졌는가에 대한 궁금증을 갖고 다음 수업에서 기체의 성질을 알아보게 됩니다.

2차시에서는 산소의 성질을 알아보는 실험을 합니다. 이 차시에서는 산소를 모으는 기체발생장치를 만들고 그 안에 이산화망가니즈와 묽은 과산화수소를 반응 시켜 산소를 발생시킵니다. 모인 산소의 색깔과 냄새를 관찰하고 향불을 넣어 불꽃이 변화하는 모습을 관찰하여 산소의 성질을 알아봅니다.

기체발생장치를 만드는 순서는 다음과 같습니다.

◎ **기체발생장치 만드는 순서**

1. 깔때기에 짧은 고무관을 끼우고 고무관에 핀치 집게를 끼운다. 이때 핀치 집게가 고무관을 꽉 조이는지 잘 확인해야 한다.
2. 고무마개에 유리관을 끼우고 가지 달린 삼각플라스크의 입구를 막는다. 이때 고무마개에 물을 묻혀 살살 돌려가며 끼우면 쉽게 끼울 수 있다.
3. 물을 2/3 정도 담은 수조에 집기병을 거꾸로 세운다. 이때 집기병에 물을 가득 채워 넣어야 한다.
4. ㄱ자 유리관을 집기병 입구에 둘 때 ㄱ자 유리관을 집기병 속에 깊이 넣지 않도록 한다. 기체를 집기병에 넣을 때 기체가 물을 통과하지 않으면 부산물이 제거되지 않아 냄새가 나기 때문이다.

실험 기구 사용에 어려움을 겪거나 산소가 잘 모이지 않는 경우가 있으므로 교과서의 설명을 잘 보고 장치를 꾸밀 수 있도록 합니다. 덧붙여 산소 확인을 위해 향을 피울 때 갑자기 불꽃이 크게 타는 경우가 있습니다. 이런 상황이 벌어지면 학생들이 놀라지 않도록 차분히 지도하며 환기를 잘 시키도록 합니다.

4, 5차시에서는 이산화탄소 성질을 알아봅니다. 이 실험에서도 앞 차시와 마찬가지로 기체발생장치를 만들 때 어려움을 겪는 경우가 많습니다. 모둠마다 교사가 장치 설계를 도와줘야 하고 수조에 물을 채워서 하는 실험이라 동 학년과 날짜를 맞춰서 실험을 준비하고 진행하는 것이 좋습니다.

이산화탄소 기체발생장치를 만들 때는 먼저 집게잡이를 사용해 링을 고정한 뒤 깔때기를 설치하고 그 아래에 유리관과 고무마개를 연결합니다. 고무관은 가지 달린 삼각 플라스크에 연결하고 반대쪽 가지에는 ㄱ자 유리관을 연결하여 수조 안에 ㄱ자 유리관을 넣어 줍니다. 이산화탄소는 탄산수소나트륨과 진한 식초를 사용하여 발생시킵니다. 탄산수소나트륨 대신 탄산칼슘, 대리석, 석회석, 조개껍데기, 달걀껍데기를, 진한 식초 대신 레몬즙이나 묽은 염산을 이용할 수도 있습니다. 이산화탄소가 발생하는 과정에서 발열 현상이 생기기 때문에 열을 식히기 위해 삼각플라스크 안에 물을 조금 넣어둡니다. 반응이 끝난 뒤 이산화탄소 발생장치에서 기체를 포집할 수 있도록 뚜껑을 잘 막으면서 집기병을 수조에서 꺼내는 것이 중요합니다. 포집된 이산화탄소는 냄새를 맡아보고 향불을 넣어본 뒤 석회수를 넣어봅니다. 산소가 불꽃을 크게 만드는 것과 달리 이산화탄소는 향불을 끄고, 석회수를 뿌옇게 변색시키는 것을 관찰할 수 있습니다. 이렇게 산소와 이산화탄소의 성질을 알아본 뒤 1차시의 거품의 정체는 산소였음을 알게 됩니다. 학생들은 과학 수업을 통해 거품의 정체를 알아냈다는 것에 대해 무척 뿌듯해합니다.

6차시에서는 압력에 따른 기체의 부피 변화를 실험합니다. 스포이트에 물을 채우고 입구를 손으로 막은 뒤 머리 부분을 누르는 것과 주사기에 물을 넣고 입구를 손가락으로 막은 뒤 피스톤을 눌러보면서 부피의 변화를 관찰합니다. 종종 실험에 쓰이는 주사기로 장난치는 학생들이 있습니다. 더불어 오래된 주사기는 마킹 부분이 삭아서 물이 샐 수 있으므로 실험 전에 꼭 점검합니다.

7, 8차시에서는 온도에 따른 기체의 부피를 관찰합니다. 실험을

도입하기 위해 삼각플라스크와 삶은 달걀을 제시하고 달걀을 깨뜨리지 않고 삼각 플라스크에 넣는 마술 같은 장면을 보여줍니다. 실험에서는 고무풍선을 씌운 삼각플라스크가 뜨거운 물, 얼음물에 넣었을 때 고무풍선이 어떻게 변화하는지 관찰합니다. 다음 실험은 식용색소가 탄 물방울이 스포이트 관 가운데에 오도록 한 뒤 스포이트를 뜨거운 물과 얼음물에 넣고 변화를 관찰합니다. 이를 통해 뜨거운 물에서는 기체의 부피가 커지고 얼음물에서는 부피가 작아지는 것을 확인할 수 있습니다. 따뜻한 물은 커피포트로 물을 끓여 준비하는데, 학생들이 화상을 입지 않도록 유의해야 합니다. 물이 다 끓으면 찬물을 섞어 30, 40도 정도로 온도를 맞춥니다.

10, 11차시에서는 거품이 오래가는 목욕제를 만듭니다. 씻을 때 목욕제를 사용하는 학생이 별로 없어서 왜 만들어야 하는지, 어디에 쓰는지, 무엇에 좋은지 잘 모르겠다는 의견이 많습니다. 학생들이 이렇게 묻는다면 실험의 목적이 탄산수소나트륨과 시트르산의 비율이 달라질 때 이산화탄소의 발생 시간이 어떻게 달라지는지 비교하는 것임을 짚고 넘어가는 것이 좋습니다. 거품이 오래가기 위해서는 이산화탄소 발생 시간이 길어야 하는데, 탄산수소나트륨과 시트르산의 비율을 다르게 넣어가며 반응 시간을 측정합니다. 이때 책상 위에 신문지 등을 깔고 수업하는 것을 추천합니다. 가루가 미끈거리기 때문에 접시에 담아 옮길 때와 뭉칠 때 흘리는 양이 많기 때문입니다. 목욕제보다 친숙한 소재를 사용하고 싶을 경우 먹을 수 있는 구연산과 소다를 활용하여 사이다를 만들 수도 있습

니다. 이때는 구연산과 소다의 비율을 달리해가며 이산화탄소 발생 시간을 관찰하면 됩니다.

복잡하거나 위험한 과학 실험을 안전하고 안정적으로 수행하는 좋은 방법은 바로 미리 모의실험을 해보는 것입니다. 학생들이 가상으로 실험해보면서 스스로 단계를 확인하고 결과까지 도출해볼 수 있기 때문입니다. 충분한 모의실험 후 본 실험을 진행하면 학생들은 주의사항, 실험 단계 등을 명확하게 이해하고 실험을 진행합니다.

[LG사이언스랜드-여러 가지 기체] 사이트에서는 여러 기체와 관련된 다양한 실험을 시뮬레이션해볼 수 있습니다. 기체에 힘을 가하는 실험을 통해 기체에도 부피가 있는지, 기체에 힘을 주면 그 부피가 어떻게 변하는지 확인할 수 있습니다. 온도에 따른 기체 부피의 증가 및 감소도 확인할 수 있습니다. 산소와 이산화탄소 발생 실험으로 두 기체를 각각 발생시킬 수도 있습니다. 이 단계에서는 산소와 이산화탄소의 성질도 확인할 수 있습니다. 이 실험들은 다른 과학 실험에 비해 기체발생장치를 만드는 과정이 복잡하기 때문에 세심한 작업이 요구되는데, 단계별로 어떤 작업을 수행해야 하는지 자세히 제시되어 있습니다.

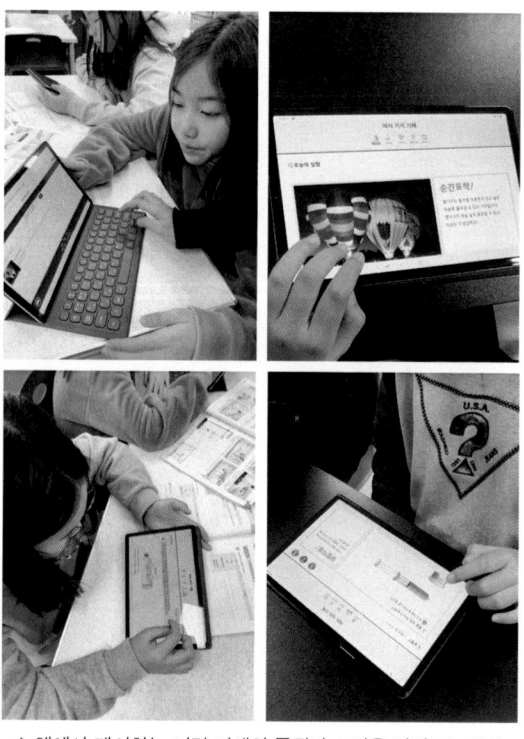

▶앱에서 제시하는 여러 기체의 특징과 쓰임을 알아보는 모습

　[LG사이언스랜드-여러 가지 기체] 사이트는 이 같은 실험뿐만 아니라 과학과 관련된 전반적인 내용을 소개합니다. 진로교육과 관련되어 과학 전공이나 직업들을 소개할 뿐만 아니라 과학과 관련된 만화나 이야기, 게임, 퀴즈 등 다양한 콘텐츠를 제공해 과학 시간에 활용도가 매우 높습니다.

 앱 활용하기

01. LG사이언스랜드 http://www.lgsl.kr에 접속합니다.

02. 화면 상단의 메뉴를 눌러 전체 메뉴를 이용합니다. 여러 메뉴 중 '과학실험실'등을 누를 수 있습니다.

03. 과학실험실에서 '여러 가지 기체'를 입력해 검색합니다. **'여러 가지 기체'**를 눌러 과학실험실에 들어갑니다.

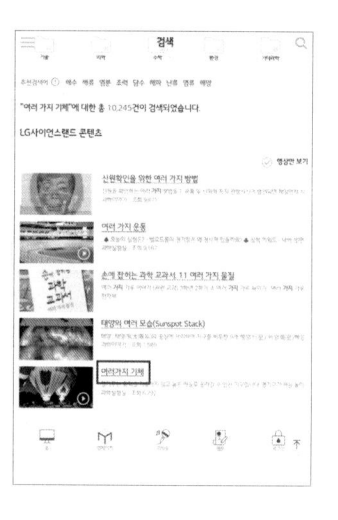

04. 화면 중앙의 **'실험 보기'**를 눌러서 기체와 관련된 실험을 볼 수 있습니다.

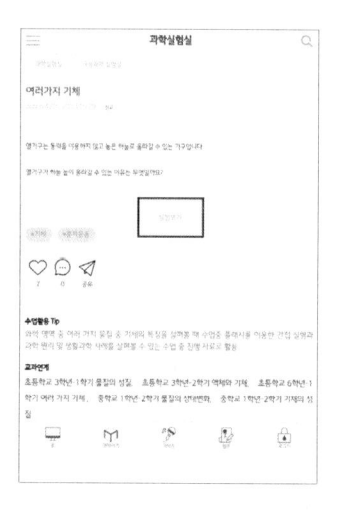

05. 상단의 여러 메뉴 중 **'가상실험'**을 눌러 기체와 관련된 실험을 관찰할 수 있습니다.

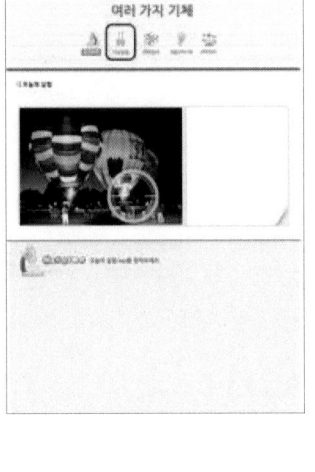

06. 아래의 실험 네 가지 중에서 원하는 실험을 선택해서 관찰할 수 있습니다.

07. 실험 순서의 **숫자**를 누르면 순서에 따라 실험 방법을 볼 수 있습니다.

08. **실험노트-X파일**로 실험으로 얻을 수 있는 결과를 볼 수 있습니다.

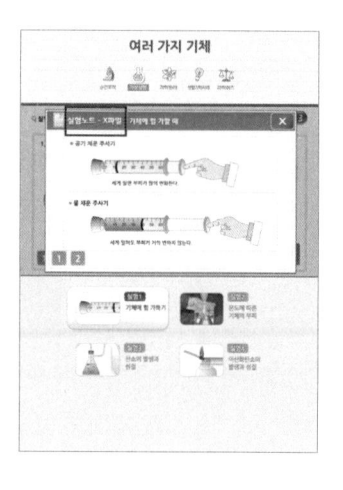

09. 오른쪽의 **숫자**를 눌러 같은 주제의 여러 실험을 관찰할 수 있습니다.

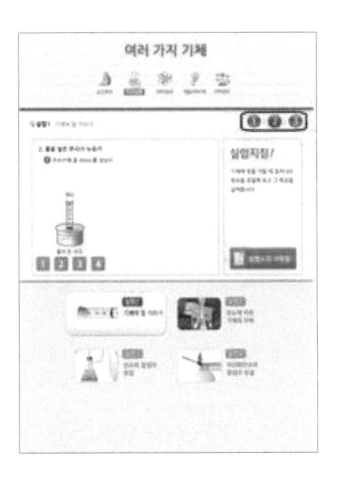

10. 다른 주제의 실험을 아래에서 선택해 관찰할 수 있습니다.

11. 상단의 메뉴에서 **'과학원리'**를 눌러 주제와 관련된 여러 개념을 알 수 있습니다.
관련 실험을 재생 시켜 관찰할 수도 있습니다.

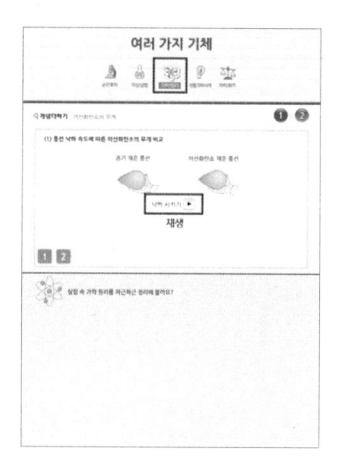

12. 오른쪽의 **숫자**를 눌러 과학원리의 다른 내용을 정리해볼 수 있습니다.

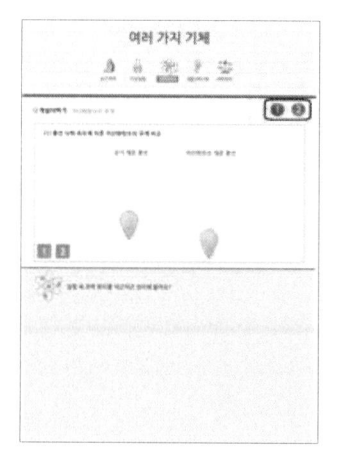

13. 상단의 메뉴에서 **'생활과학사례'**를 눌러 생활 속에서 주제와 관련된 사례를 알 수 있습니다.

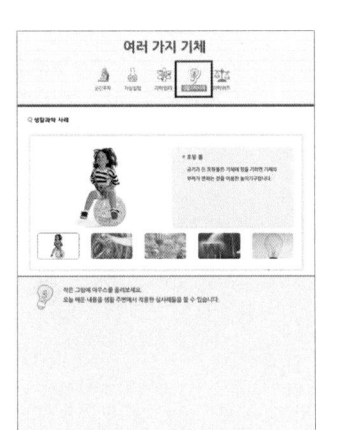

14. 상단의 메뉴에서 **'과학퀴즈'**를 눌러 주제와 관련된 문제를 풀어보며 잘 이해했는지 점검해볼 수 있습니다.

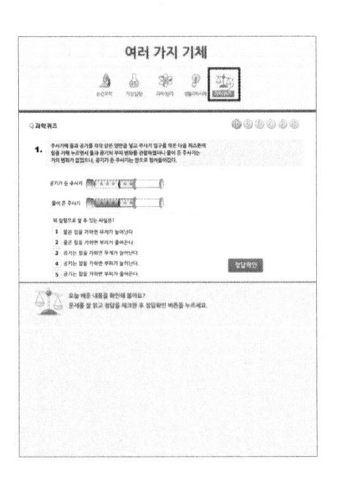

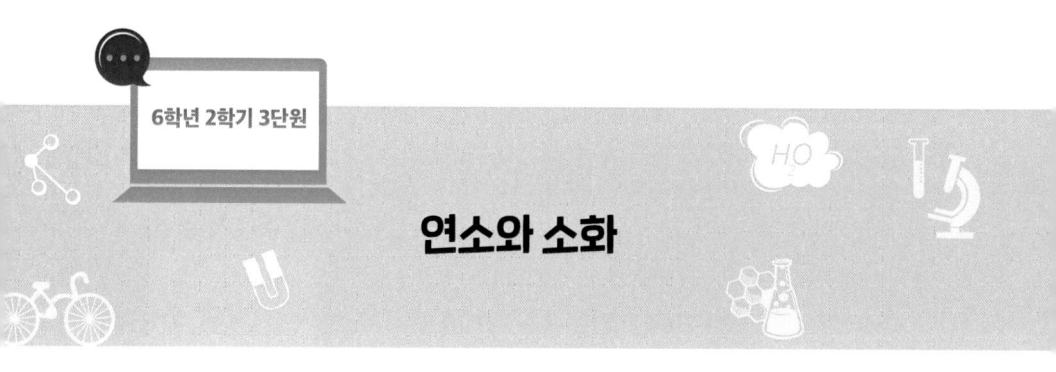

연소와 소화

	사용 앱	[LG사이언스랜드-연소와 소화]	QR코드
LG 사이언스랜드	기능	주제와 관련된 모의실험, 개념, 실생활의 다양한 사례, 과학퀴즈 등의 과학 관련 콘텐츠를 이용할 수 있음	
	지원 OS	웹사이트	
	개발	LG상남도서관	

 **성취기준**

[6과15-01] 물질이 탈 때 나타나는 공통 현상을 관찰하고, 연소의 조건을 찾을 수 있다.

[6과15-02] 실험으로 연소 후에 생성되는 물질을 찾을 수 있다.

[6과15-03] 연소의 조건과 관련지어 소화 방법을 제안하고 화재 안전 대책에 대해 토의할 수 있다.

차시 안내

[1차시] 공기 대포로 촛불 끄기

[2차시] 물질이 탈 때 어떤 현상이 나타나는지 알아보기

[3~4차시] 물질이 타려면 무엇이 필요한지 알아보기

[5차시] 물질이 연소한 후에는 무엇이 생기는지 알아보기

[6차시] 불을 끄려면 어떻게 해야 하는지 알아보기

[7차시] 화재가 발생하면 어떻게 해야 하는지 알아보기

[8~9차시] 화재 대피도 그리기

[10차시] 연소와 소화 정리하기

차시 활동

인류 문명은 불의 사용과 더불어 시작했다는 말이 있을 정도로 우리 생활에서 불은 매우 중요합니다. 학생들은 요리에 사용하는 가스불에 더해 캠핑에서 본 모닥불과 정전 시 사용하는 촛불 등으로 연소하는 과정을 이미 본 적이 있습니다. 매년 있는 소방체험에 참여해 소화의 과정을 경험해본 학생도 많습니다. 소방체험에서는 불을 물대포로 끄기도 하고, 소화기로 끄기도 합니다. 그러나 이 두 가지의 소화 방식 차이를 아는 학생은 많지 않습니다. 타는 물질이 나무냐 기름이냐에 따라 소화기의 종류도 다르고 불을 끄는 방식도 다른데 말입니다. 이 단원에서는 연소의 조건에 대해 학습함으로써 두 가지의 소화 방식 차이를 제대로 이해하는 것이 목적입니다.

6학년 2학기의 '연소와 소화' 단원은 초등 과학실험에서 가장 위험하고, 안전에 주의를 기울여야 하는 실험입니다. 이 단원에서는 기본적으로 불을 이용한 실험이 많으므로 과학실 안전 유의사항 전달이 필수입니다. 실험과정 또한 단순하지 않아서 과정에 대한 유의사항 전달이 요구됩니다. 더불어 실험의 결과에서 예상치 못한 오류가 많이 나타납니다. 이를 보완하기 위한 장치로 [LG사이언스랜드-연소와 소화] 모의실험을 활용할 수 있습니다.

1차시 '연소와 소화 단원' 수업은 공기 대포로 촛불 끄기 활동입니다. 페트병을 잘라서 자른 부분에 고무풍선을 팽팽하게 씌운 뒤

절연테이프를 이음매에 붙여 고무풍선을 고정하여 공기 대포를 만듭니다. 그 뒤에 불이 붙은 초에 거리를 다르게 하여 공기대포로 촛불을 꺼 봅니다. 학생들은 공기 대포를 만들고 난 뒤 온종일 교실에서 쏘고 다닐 정도로 재미있어합니다. 이렇게 단원에 대한 흥미를 돋운 뒤 2차시부터 본격적인 실험에 들어갑니다.

2차시에서는 물질이 탈 때 나타나는 현상을 알아봅니다. 물질이 연소할 때 변화되는 현상을 관찰하고 정리하는 단계입니다. 이번 차시에서는 초와 알코올램프에 피워진 불꽃을 관찰하며 불꽃의 모양이나 색깔, 초가 시간에 지남에 따라 달라지는 모습, 불꽃 근처에서의 느낌 등을 오감으로 관찰합니다. 더 나아가 연소가 진행됨에 따른 초의 무게 변화나 연소할 때 주위의 온도 변화 등을 측정할 수 있습니다. 초나 알코올램프를 사용하는 실험이니 불에 너무 가까이 가지 않도록 지도하고, 안전에 유의해야 합니다.

3, 4차시에서는 물질이 타는 데 필요한 물질을 알아봅니다. 연차시지만, 여건상 힘들 경우 시간을 두고 독립된 실험으로 진행할 수도 있습니다. 첫 번째 실험에서는 초가 탈 때 필요한 기체가 무엇인지 알아봅니다. 실험과정은 다음과 같습니다.

◎ **실험 과정**

1. 크기가 다른 페트병과 크기가 같은 초를 준비한다.
2. 초에 불을 붙이고 페트병을 덮어 외부 공기를 차단한다.
3. 어느 쪽의 초가 먼저 꺼지는지 관찰한다.
4. 초가 타기 전과 후의 페트병의 산소포화도를 측정한다.

산소포화도를 알아보는 활동은 학생들이 연소할 때 필요한 물질이 산소라는 사실을 깨닫도록 도와줍니다. 쉽고 간단한 실험처럼 보이지만, 원하는 결과를 얻기 위한 주의 사항이 몇 가지 있습니다.

첫째, 비교하는 초의 크기가 다르면 불꽃의 크기도 달라져 같은 시간 동안 소모되는 산소의 양이 달라집니다. 이 경우 실험의 결과가 올바르게 나오지 않을 수 있으므로 사전에 초의 크기를 통일해야 합니다.

둘째, 초를 아크릴 통, 페트병, 비커 등으로 덮을 때 학생들이 화상을 입지 않도록 주의해야 합니다. [LG사이언스랜드-연소와 소화] 사이트에는 교과서에 제시된 실험과 함께 불이 꺼지는 시간을 확인하는 초시계도 구현되어 있습니다. 심화내용으로 촛불이 계속 타도록 페트병에 구멍을 뚫는다면 어느 곳에 뚫어야 하는지 생각해 보는 과정도 있으므로 아이들 수준에 따라 학습 내용을 제시할 수 있습니다.

▶연소할 때 필요한 물질 알아보기

▶심화내용 제시하기

　두 번째 실험에서는 불을 직접 붙이지 않고 물질을 태우는 실험을 하는데, 실험 과정은 다음과 같습니다.

◎ 실험 과정

1. 삼발이 위에 철판을 올린다.
2. 철판 위에 성냥골과 나무 부분으로 분리한 성냥을 올려놓는다.
3. 알코올램프에 불을 붙이고 성냥골, 나무 부분 중 어느 부분에 먼저 불이 붙는지 관찰한다.

두 번째 실험과 관련된 대체 실험 및 심화실험, 가상실험도 [LG사이언스랜드-연소와 소화] 사이트에 있습니다. 각 실험은 아래와 같습니다.

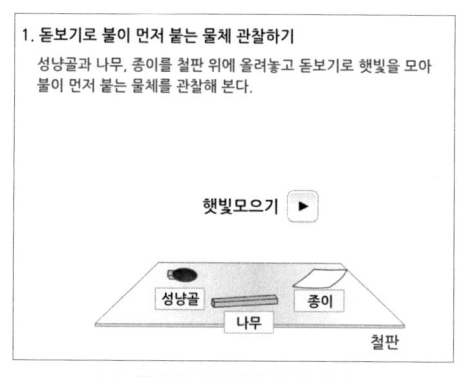

▶돋보기로 물체에 불 붙이기

▶철판 한쪽에서 가열하기

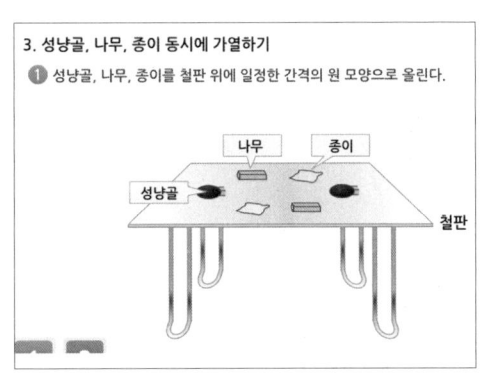

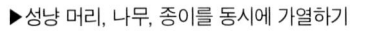

▶성냥 머리, 나무, 종이를 동시에 가열하기

1. 돋보기로 불이 먼저 붙는 물체 관찰하기 → 성냥골, 나무, 종이를 같은 조건하에 돋보기로 가열하며 불이 먼저 붙는 물체를 관찰하는 실험
2. 성냥골 가열하기 → 철판의 귀퉁이에서 중앙까지 차례대로 성냥골을 올려두고 철판의 한쪽 끝을 알코올램프로 가열해 어느 성냥골에 먼저 불이 붙는지 관찰하는 실험
3. 성냥골, 나무, 종이 동시에 가열하기 → 성냥골, 나무, 종이를 철판 위에 일정한 간격으로 올려두고 철판을 가열하면서 어떤 순서로 불이 붙는지 관찰하는 실험

이 실험은 자칫 잘못하면 학생들이 화상을 입을 수도 있기 때문에 교사의 각별한 주의와 사전 지도가 요구됩니다. 성냥 머리로 불을 붙이기 때문에 성냥 머리로 장난치거나 가져가지 않도록 합니다. 철판을 돋보기나 알코올램프로 가열할 경우 매우 뜨거워지므

로 절대 맨손으로 잡지 않도록 합니다. 성냥골의 경우 갑자기 빨리 연소되지만, 종이와 나무는 연소되는 데 시간이 오래 걸리거나 잘 연소되지 않을 경우가 있으므로 실험의 오류가 생겼을 경우 [LG사이언스랜드-연소와 소화] 등을 활용합니다.

5차시 '물질이 연소한 후 생기는 물질 알기'에서는 푸른색 염화코발트 종이와 석회수로 초가 타버린 후에 생기는 물질을 판별하는 실험을 합니다. 이를 위해 먼저 학생들에게 물에 닿으면 붉게 변하는 푸른색 염화코발트 종이와 이산화탄소와 만나면 뿌옇게 변하는 석회수의 성질을 알아보도록 해야 합니다. 실험 과정은 다음과 같습니다.

◎ **실험 과정**

1. 아크릴 통 안쪽에 푸른색 염화코발트 종이를 붙인다.
2. 초에 불을 붙이고 아크릴 통으로 촛불을 덮는다. 이후 푸른색 염화코발트 종이의 변화를 관찰한다.
3. 초에 불을 붙이고 집기병으로 덮는다.
4. 촛불이 꺼지면 집기병을 들어 올려 유리판으로 집기병의 입구를 막는다.
5. 집기병에 석회수를 붓고 석회수의 변화를 관찰한다.

이 실험에서도 기본적으로 아크릴 통이나 집기병을 가열해야 하므로 학생들에게 주의를 줘야 하며, 초에 불을 붙이거나 끌 때도 조심하도록 지도합니다. 염화코발트 종이를 말릴 때 드라이기를 사용해야 하는데, 학생들이 하는 것보다 교사가 하는 것을 권장합니다.

[LG사이언스랜드-연소와 소화]에서는 교과서와 비슷한 내용의 실험들이 제시되지만, 실험의 편의성과 정확도를 고려하면 교과서 내용이 더욱 간편하므로 해당 차시는 실험 내용이나 결과 등을 정리하는 차원에서 이 사이트를 이용하면 좋습니다.

6차시에서는 불을 끄기 위해 하는 일을 알아봅니다. 촛불을 불어서 끄기, 집기병으로 덮기, 촛물 뿌리기, 물수건으로 덮기, 초의 심지 잡기 등 불을 끄는 다양한 방법이 제시됩니다.

다양한 방법으로 보이지만 사실 세 종류로 구분된다는 것을 보여주면서 연소의 조건 중 한 가지 이상을 없애 불을 끄는 '소화'의 개념을 도출하고 일상생활에서 불을 끄는 방법을 타는 물질에 따라 구분하도록 합니다. 집기병을 덮어 불을 끄는 실험을 할 때는 안전사고에 유의하도록 하고, 너무 빨리 뺄 경우 불이 안 꺼지는 경우가 있으므로 적절한 시간을 두도록 합니다.

▶앱으로 연소와 소화의 개념을 한 번 더 확인하는 모습

　[LG사이언스랜드-연소와 소화]에서는 불을 끄는 방법을 좀 더 명확하게 제시합니다. 탈 물질을 제거하는 방법, 산소를 차단하는 방법, 발화점 미만으로 온도를 낮추는 방법을 제시하고 각 방법에 따른 예시를 보여줍니다. 이 차시도 학생들이 배운 내용을 되새기거나 정리하는 차원에서 이용한다면 보충, 심화된 내용을 경험할 수 있습니다.

　7차시부터 9차시까지의 화재 대처 방법은 실제 화재 대피 훈련과 연관 지어 수업하는 것도 좋습니다.

01. [LG사이언스랜드] http://www.lgsl.kr에 접속합니다.

02. 왼쪽 상단의 메뉴를 눌러 전체 메뉴를 띄웁니다. 여러 메뉴 중 **과학실험실**을 누릅니다.

03. 과학실험실에서 **'연소와 소화'**를 입력해 검색합니다. '연소와 소화'의 실험정보를
살펴보도록 하겠습니다.

04. 화면 중앙의 **'실험 보기'**를 눌러서 연소와 소화에 관련된 실험을 볼 수 있습니다.

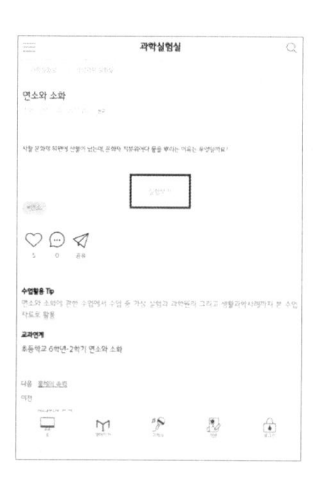

05. 상단의 메뉴에서 **'가상실험'**을 눌러 연소와 소화에 관련된 실험을 관찰할 수 있습니다.

06. 아래의 네 가지 실험 중에서 원하는 실험을 선택해 관찰할 수 있습니다.

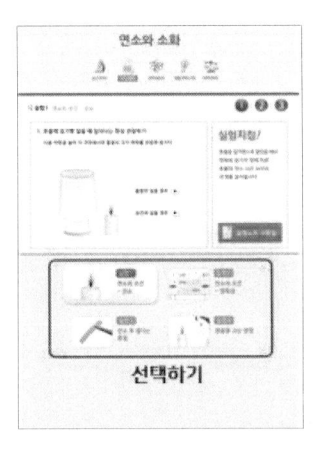

07. 실험에서 여러 버튼을 눌러 실행해보고, 실험의 결과를 생각해볼 수 있습니다.

08. **'실험노트-X파일'**을 눌러 실험으로 얻을 수 있는 결과를 볼 수 있습니다.

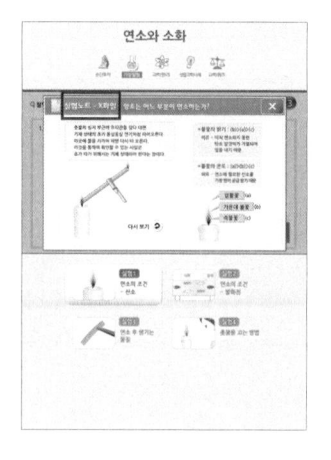

09. 오른쪽의 **숫자**를 눌러 같은 주제의 여러 실험을 관찰할 수 있습니다.

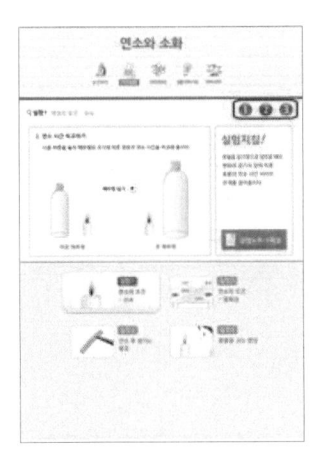

10. 아래 목록에서 실험 주제를 선택해 다른 주제의 실험을 관찰할 수 있으며, 실험 영상이 재생된 후 다시 보려면 중앙의 버튼을 누릅니다.

11. 상단의 메뉴에서 '**과학원리**'를 눌러 주제와 관련된 여러 개념을 알 수 있습니다.

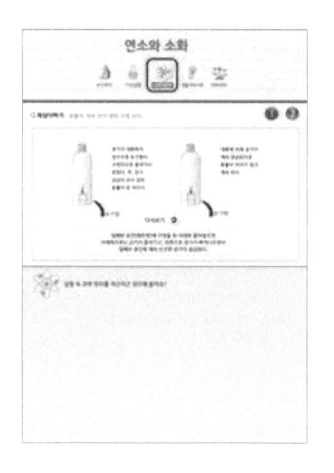

12. 오른쪽의 **숫자**를 눌러 다른 내용을 볼 수 있습니다.

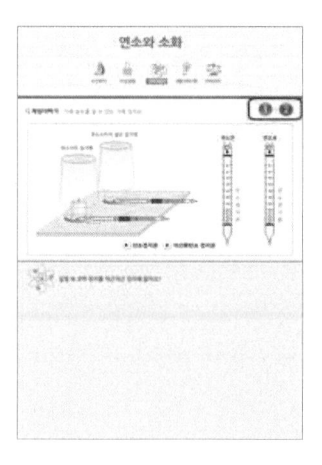

13. 상단의 메뉴에서 **'생활과학사례'**를 눌러 생활 속에서 주제와 관련된 사례를 알 수 있습니다.

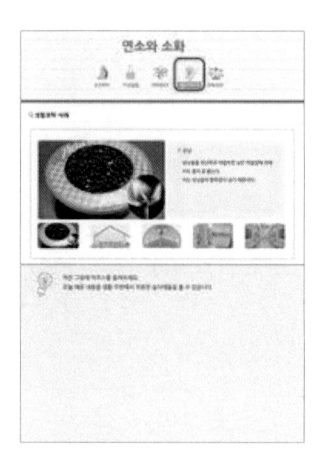

14. 상단의 메뉴에서 **'과학퀴즈'**를 눌러 주제와 관련된 문제를 풀어보며 잘 이해했는지 점검해볼 수 있습니다.

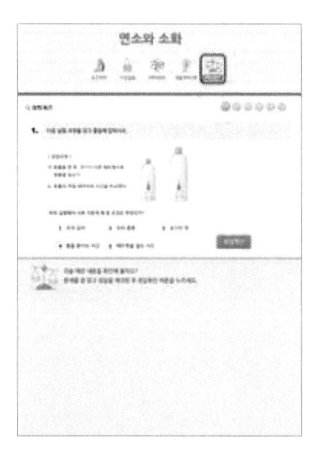